兩界智慧書

竑一 著

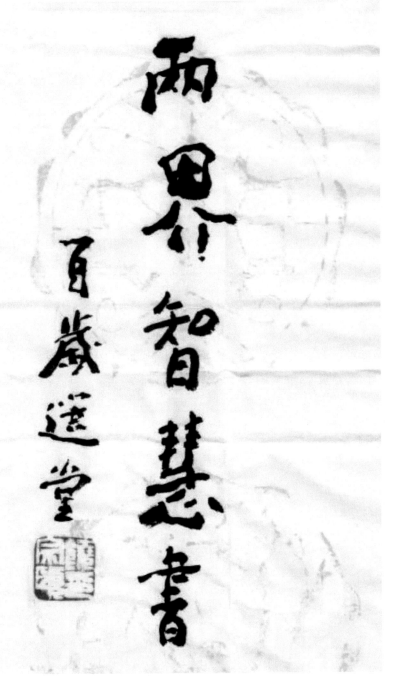

兩界智慧書

百歲選堂

國學大師饒宗頤先生題　2017年12月

內容提要

　　本書立足新時代、面向新世界，圍繞人類生存的三個根本問題——從哪裡來？來幹什麼？到哪裡去？以《兩界書》為元典素材，對人類生存的現實挑戰和終極命題做出歷史文化的整體回應，展現根植華夏、和合萬邦的中國智慧及世界價值，揭示人類命運共同體的哲學基礎和精神文化基石。

目錄

第三部分　走向未來——往哪裡去？

引言　行走兩界的生命智慧

人在兩界

《兩界書》開篇講到：

> 世有兩界：天界地界，時界空界；陽界陰界，明界
> 暗界；物界意界，實界虛界；生界死界，靈界肉界；喜
> 界悲界，善界惡界；神界凡界，本界異界⋯⋯
> 　　兩界迭迭，依稀對應；有界無界，化異輔成。
> 　　芸芸眾生，魑魅魍魎；往來遊走，晝夜未停。

仔細想想，確是如此：

大千世界，無論是有形的物事，還是無形的意念——天與
地、時與空，物與意、虛與實，陰與陽、明與暗，等等，無不
兩界對應、相輔相成；

芸芸眾生，無論是達官顯貴，還是庶民百姓，朝起而作、
日落而息，或晝夜不分、日夜兼程，無不行走在善與惡、喜與
悲，靈與肉、生與死的兩界之間，或因痛而苦、因快而樂，或
亦痛亦快、亦苦亦樂。

世上人種不同，所居時代、環境不同，但始終身處兩界的生存境地、遊走兩界的變換之間，並無任何不同。

人行兩界，如何才能走得更踏實、更從容？如何才能讓心神更安定、心氣更通順？這是一個一直困惑人心的難問題、大問題。

凡人問道

《兩界書》專注「人在兩界」之難，開啟「凡人問道」之旅，力圖在兩界的行走中為人找尋精神食糧，構築靈魂居所。

然而，何為「道」？「道」從何來？《兩界書》塑造了六位先知的形象，試圖從先知之口獲取問道的答案。

這六位先知是：道先、約先、仁先、法先、空先、異先。六先分別代表了人類思想和文明史上最有影響力的那些學說，包括儒、釋、道、希伯來、希臘乃至懷疑主義等等內容，探討的是人類生存中的基本問題——人從何處來、將往何處去？人在世界萬物中的位置與使命是什麼？人與世界、人與自然、人與他人、人與自己的關係應該怎樣？人是什麼？人生的意義在哪裡？生命的價值又何在？

六先論道——「六說不悖，各有其悟」，實際上是建構了一個綜觀的思想框架，以彙集各家學說，辨析各家短長，力避盲人摸象的偏誤偏執。這正是《禮記・中庸》所謂「萬物並育

而不相害，道並行而不悖」的中國智慧、人類情懷的體現。

《兩界書》倡導「敬天帝」、「孝父母」、「善他人」、「守自己」、「淡得失」、「行道義」六大要義，以中華文化精髓為核心，融匯東西方文化的優質要素，展現出「天道立心，人道安身」的修為之道。這裡的「六大要義」和「修為之道」，也是展示了新時代人類命運共同體所應含有的道德內涵和精神紐帶。

兩界的智慧

世界著名哲學家、第三代「新儒家」代表性人物之一成中英教授稱《兩界書》是「一本有關東西民族智慧的哲理書」，「開闢了人類心靈的化境」。《兩界智慧書》在《兩界書》的基礎上，以全新的視角和體例，對《兩界書》的經典內容進行「旁觀式」的闡釋，對《兩界書》蘊涵的生命智慧、哲學內涵、文化邏輯進行系統的歸納梳理。

《兩界智慧書》依哲學文化的敘事邏輯，將《兩界書》十二卷的內容劃分為三個篇章，聚焦於人類生存中的三個根本問題——從哪裡來？來幹什麼？到哪裡去？描繪了人類從「本來」到「往來」乃至「未來」的歷史文化圖像，揭示了一種世界一體、萬邦和合的文明前進模型。

《兩界智慧書》設「導讀」、「文選」、「解讀」、「兩

界慧語」、「眾說兩界書」等部分。「導讀」旨在就《兩界書》各卷的內容、背景、立意等做出概要性的說明和引導；「文選」選取《兩界書》相關章節的代表性片段，藉此反映《兩界書》文本的原貌原蘊；「解讀」就所選章節加以文本分析和具體闡釋；附錄一「兩界慧語」，摘取了《兩界書》中的部分哲理警句；附錄二「眾說兩界書」，選取了部分學者和讀者對《兩界書》的讀後感。

通過上述內容體例的設計，力圖能夠比較全面地詮釋《兩界書》的精髓要義，展示人類行走兩界的生命智慧。

（《兩界書》，士爾著，臺北：獨立作家，2016年；北京：商務印書館，2017年。）

第一部分

認識本來

——從哪裡來？

一、世界從哪裡來？
（《兩界書》卷一　創世）

【導讀】

世界從哪裡來？

宇宙的源頭在哪裡？

這個看似不是問題的問題，靜心一想，又確是一個實實在在的問題，是一個天大的問題！

我們生活在這個世界上，如果我們對自己賴以生存的世界的本來沒有概念，不知道、也不曾想過世界從哪裡來，世界是怎麼一回事，而是整日沉浸在日復日、年復年的忙碌之中、爭鬥之中，那我們又如何能夠擺放好自己在世界中的位置？如何能夠以敬畏之心面對這個神奇偉岸的世界？如何能夠以感恩之心面對我們的祖先？如何能夠以誠摯之心去友愛他人、善待自己？

這是歷代哲人關注的一個有關人類的終極性問題，也是不同文明、不同文化哲學自古而來關注的根本問題。這個問題不僅對哲學家、科學家重要，對每一個現代人、文明人，也都值得深思考量。

　　當然，文化根基不同，世界的觀念不同，看問題的角度、方式方法也不同，結論自然就會不同。

一是神話的解說。

　　古代巴比倫神話《埃奴瑪·埃立希》（Enuma Elish）講到，世界的最初是一片汪洋洪水，洪水慢慢消退，逐漸產生了淤泥大地，地平線出現，則預示著天與地的分離，從而形成了天。這樣就產生了天和地。

　　埃及神話中有太陽神、水汽女神等等，祂們共同合作創造了世界。

　　中國古代「盤古開天地」之說，表明了中國古人對世界起源的一種形象認知：

> 天地渾沌如雞子，盤古生其中。萬八千歲，天地開闢，陽清為天，陰濁為地。盤古在其中，一日九變，神於天，聖於地。天日高一丈，地日厚一丈，盤古日長一丈，如此萬八千歲。天數極高，地數極深，盤古極長……首生盤古。垂死化身。氣成風雲。聲為雷霆。左眼為日。右眼為月。四肢五體為四極五嶽。血液為江河。筋脈為地裡。肌肉為田土。發為星辰。皮膚為草木。
>
> ——徐整《三五曆紀》

古印度、古希臘等地區也都有豐富多彩、形態各異的創世神話。

二是宗教的解說。

猶太教、基督教等宗教，均是以超驗的方式看待現實世界，在現實世界之上塑造出一個超驗的形上世界，並特別塑造出一個無所不能、自在永在的「神」，這個「神」就是造物主，祂創造了世界，並統納一切——包括有形世界和無形世界。

由於各種宗教的教旨教義、教規體系不盡相同，有的甚至相互矛盾抵牾，故歷史上形形色色的「宗教衝突」時有發生，不僅發生在觀念信仰層面，也發生在世俗生活層面，在不同宗教的造物主「神」之間，也常常發生「神的爭吵」。

連神都在相互爭吵，神的信徒們又怎麼能夠平靜下來呢？

三是西方現代學者的解說。

最有代表性的是宇宙大爆炸理論（big bang cosmology），這種理論認為宇宙最初是在大約137億年前由一個緻密熾熱的奇點爆炸後膨脹形成的。一般認為由比利時天文學和宇宙學家勒梅特（Georges Lemaitre,1894-1966）1927年首次提出，美國天文學家哈勃（Edwin Powell Hubble,1889-1953）1929年根據該假說提出了星系的紅移量與星系間的距離成正比的哈勃定律，並推導出星系都在互相遠離的宇宙膨脹說。

　　1964年美國貝爾電話公司工程師彭齊亞斯（Arno Penzias）和威爾遜（Robert Woodrow Wilson）發現宇宙微波背景輻射，被認為有力地支持了宇宙大爆炸理論，它被列為20世紀60年代天文學四大發現之一，彭齊亞斯和威爾遜也因此於1978年獲得諾貝爾物理學獎。

　　但對於大爆炸理論的質疑也從未間斷，有人認為它在很大程度上只是一種猜測和理論假設，相關實證性觀測嚴重缺乏；還有學者從理論上對「黑洞存在論」及宇宙大爆炸理論提出了相反的學術推導。

　　宇宙究竟如何起源？世界究竟從何而來？應該說迄今為止這仍然是一個未解和難解之謎，人類在未來的歲月中還將以各種不同的方式繼續探索下去。

　　可以說，人類對「本來」的認知一如對「未來」的認知，同樣充滿了眾多的未知性和不確定性。

　　對於這樣一個終極之問和未解之謎，《兩界書》突破神話、哲學、歷史、宗教、文學等的學科閾限，突破既有的思維習規，突破中外思想文化、道統體系的藩籬，融匯古今，以文學的修辭創設一種跨界敘事，塑造了一個人格化的「天帝」，講述了一個有關世界創造的文化哲學故事。

　　「帝」，甲骨文作帝，形似由木架搭成的祭台。甲骨卜

辭有「帝於嶽」之說，在山嶽上搭建祭台。上古之人，多認為蒼茫天地之間，必有萬物主宰，它自在永在，須以「帝」而敬拜，如「玉皇大帝」之說。中國古代道、儒之學均有「天帝」說，天上之帝，居於太微玉清宮，司掌宇宙乾坤。《荀子・政論》：「居如大神，動如天帝」。

「天帝」是古代華夏文明話語中的至高天神，俗稱「老天爺」，亦即「昊天」，祂並不依託於某一特定宗教而存在，而是屬於神話信仰的範疇。

《兩界書》稱：「敬天帝即敬天地」，明確將「天帝」與「天地」同義，在強化「天帝」信仰屬性的同時，特別泛化了「天帝」的特指性，賦予其自然普遍意義，這樣就使「天帝」有了顯著的共通性和共同價值意義。

【文選】

太初

太初太始，世界虛空，混沌一片。

天帝生意念，雲氣彌漫，氤氳升騰。

天帝揮意杖，從混沌中劃過。天雷驟起，天光閃電，混沌立開。

(創1章1節)

（雲氣彌漫　天光閃電）

天地

天帝說：「上要有天，下要有地，中間安置萬物。」於是高高天穹造出，堅硬大地造出。

天至高，長物可伸難抵天際。地至寬，闊物可置不達地邊。

天高地闊，天虛地實。

高天有浮雲，蒼穹浩瀚，靈道無邊。

大地有高低，山川交錯，孕生萬物。

（創1章3節）

晝夜

天帝說：「死寂歸於先前，活化才好」。於是死中生活，寂中生化。

天帝說：「要有光」。於是光芒破出，普照天地，

一切就都光亮。

天帝又說：「要有暗」。於是光芒隱退，黑暗降臨，

一切復歸黑暗。

天帝旋轉光暗，於是光暗交替。先光後暗，而後為光，再後復暗。

光是太陽，運生白晝。暗是太陰，運生黑夜。太陽太陰交替，白晝黑夜反復。周而復始，延綿不斷。

光亮一次為一日，黑暗一次為一夜。天帝輪轉，依序順

延。一至二，二至三，三至延數。延數至多，有數無終，有終無數。

（創2章1-2節）

世界

天地既形，空維即立。晝夜交替，時維即成。

天地築空維，晝夜織時維。空時兩維，縱橫交錯，成世界所憑，萬物所依。時空交轉，世界成立。

（創3章1節）

（活靈世界）

萬物

天帝吹播元卵，元卵布散大地，萬物從中孕生。元卵至微，數不盡數，形不盡形，類不盡類，生不盡生。

萬物由類衍生，根須有分而連，枝蔓有連而分。

有浩水淼淼，湛湛不竭。有厚土墩墩，有邊無際。有木林森森，枯而再生。有金石碩碩，固散自存。有火爍炎炎，熔化熾息。

（創3章2節）

萬維

天地空維，構世界之廣大。晝夜時維，構世界之深遠。

天地為骨肉，晝夜為氣血。骨肉氣血相依相存，世界而有生息，成大千生息世界。

然天帝之靈，世界之妙，乃立於時空，超於兩維。時空兩維之上，天帝靈道運行，實生萬維。

（創4章1節）

【解讀】

此處節選了《兩界書》卷一「創世」的部分章節，用極精簡的文字，描述了世界起源的主要內容。

一、太初（創1章1節）：世界最初的狀況

太初、太始，就是最初、最早的意思。世界最初是什麼樣子呢？

《兩界書》卷一「創世」開篇（創1章1節），融匯世界各國創世神話，猶以中國有關「氣」、「形」之說為核心，以「天帝揮意杖」的故事情節，揭示世界最初的情狀。

《易緯》：「太初者，氣之始也；太始者，形之始也」；《莊子・天地》：「太初有無，無有無名。一之所起，有一而未形」；徐整《三五曆記》：「天地混如雞子，盤古生其中」；印度神話亦有宇宙最初混沌如雞子之述。

二、天地（創1章3節）：空間的起源

《兩界書》卷一「創世」1章3節，講述高天、大地的形成，高天、大地的性狀，高天、大地的作用。這樣就創造了空間的概念和空間的實體。

三、晝夜（創2章1-2節）：時間的起源

《兩界書》卷一「創世」2章1-2節，講述光與暗的形成，光與暗的循壞往復，以及晝與夜的交替，講述太陽與太陰的互補、交替和循環，這樣就創造了時間的概念，並且講述了時間的量度：「有數無終，有終無數」。

四、世界（創3章1節）：世界如何成立

《兩界書》卷一「創世」3章1節，講述天地構成了空間維度，晝夜構成了時間維度，空間時間兩個維度縱橫交錯，流轉往復，便形成了世界。世界成立，萬物便有了存在的憑依。這裡從時空兩個最基本的維度，講述了世界的形成，也解構了世界的基本結構。

五、萬物（創3章2節）：萬物的起源

《兩界書》卷一「創世」3章2節，講述世界萬物最初是因「天帝吹播元卵」而生成的。「元卵」即物種，世界上的物種有「數不盡數，形不盡形，類不盡類，生不盡生」的性質。儘管如此，構成萬物的基本元素還是可以概括歸納的，那就是「浩水淼淼」的水，「厚土墩墩」的土，「木林森森」的木，「金石碩碩」的金，以及「火爍炎炎」的火。

古希臘哲學家柏拉圖、亞里斯多德等把世界構成的基本元

素概括為「火」、「水」、「大地」、「空氣」四種，這裡化用了中國古代「五行」之說。

六、萬維（創4章1節）：世界的維度

《兩界書》卷一「創世」4章1節，講述世界並非一個僵硬的世界，而是一個大千生息的、活靈的世界；這個世界的奇妙之處就在於，在時空兩個維度之上，有「天帝靈道運行」，從而產生了無限的世界維度。這裡用「天帝靈道」及其「萬維」，喻指世界的複雜性和無限可能，喻指人類對世界的認知極其有限。近年越來越多的科學研究證明「暗物質」、「暗能量」的存在，人類目前對世界物質（能量）的認知可能只占世界物質能量的5%左右。

七、「天帝」

在對世界起源的解說中，《兩界書》以中國古代道、儒思想（「老天爺」、「昊天」、「天帝」）為基礎，塑造了一個超自然而又形象化的「天帝」，並讓「天帝」發揮了關鍵作用。

「天帝」在這裡既有鮮明的人格化特點，又有突出的超凡屬性；既有天地自然的世俗性，又有超自然的形上特徵；既有突出的中國化特點，又有人類共同擁有的世界性和普遍性。

「天帝」的概念蘊涵了有關世界本原、天地人寰、大道自

然等等豐富的內涵。《兩界書》卷十二「問道」稱曰：「敬天帝即敬天地。人生天地之間，舉頭三尺有神明，離地半寸無根立。天意在上難違，地氣在下不絕。人享天帝之眷，憑天地立身，得天道指引」。（問7章21節）

可以說，《兩界書》中的「天帝」是對世界本源及其本質性的概括，是哲學概念的文學表述。所以在《兩界書》的結尾處有這樣帶有總結性的概括：「天道自然為人主，高天大地為父母。」（問7章21節）

老子《道德經》曾曰：人法地，地法天，天法道，道法自然。在《兩界書》中，是以「天帝」的概念、屬性和作為來表述天、地、人、道及其相互關係的，蘊涵了《道德經》所說「人法地，地法天，天法道，道法自然」的內容，但又不止於此。

「天帝」體現了對世界「本來」的追問，或者說世界的「本來」因其神祕、未解而衍生了「天帝」和「天帝」的故事。不管怎樣，當人類在追問「本來」的時候，面對神祕、未知和不可抗拒的「本來」，敬畏之心應是首要之心。人類敬畏之心的本質對象是神秘、未知的「本來」，只不過常常被人賦予了各種不同的名分，《兩界書》即以「天帝」來指代人心對這個遙遠、神秘、未知的「本來」的敬畏和認知。

宇宙浩瀚無垠，世界不知邊際，人在其中比一隻螞蟻還要渺小，怎麼能不從內心深處產生深深的敬畏呢？

二、人在世界中的位置
（《兩界書》卷二　造人）

【導讀】

　　人類如何起源？人類從何而來？

　　這是從古代先人到現代科學始終探尋的又一個終極之問，迄今並未得到統一的認識，有所謂神話說、生命說、進化說、次元說、能量說、基因說、細胞說、外星說、海陸雙祖復合說，甚至有外星人與古代森林猿結合說，等等。

　　其中最有有代表性和影響力的一是神話宗教類解說，一是進化論學說。

　　在古埃及，有阿圖姆（Atum）造人之說；古巴比倫有馬杜克（Marduk）造人之說；古希臘有珀爾塞福涅（Persephone）造人的故事；古代印度有梵天（Brahma）造人之說；在古代中國，女媧補天造人的故事流傳甚廣。世界各民族有著多種多樣的造人之神和造人傳說，造人之神名目繁多，造人情形精彩多樣，反應了世界古代文化對人類自身來源的普遍性關注。

　　十九世紀英國生物學家達爾文創立的進化論（theory of evolution）學說，是近現代以來影響極大的人類起源理論。達爾文1835年來到位於赤道附近太平洋上的Galapagos群島，《物種起源》記述了他在該島的有關觀察研究。在此基礎上，他提

出了著名的生物進化學說，認為生物物種具有漸變的進化屬性，推導出人類是由猿人進化而來的理論假設。

這一理論顛覆了此前種種有關神創造人類的觀點，影響巨大。當然，從一開始進化論就遭到了激烈的反對。神學家們的反對自不用多講，相關科學家提出的反進化論理論也從未銷聲匿跡。比如有人認為進化論從科學實證的角度而言明顯缺少過渡型化石的佐證，有違科學實證精神；有人從地球的年齡問題著手推斷人類進化說難以成立，也無法解釋自然選擇的說法；還有的科學家從大量史前文明的發掘發現對達爾文進化論提出質疑，新西蘭遺傳學家旦頓（Michad Denton）（著有《出現危機的理論：進化論》）甚至認為「達爾文的進化論是20世紀最大的謊言。」

由此可見，人類起源問題在世界範圍內依然是個並未徹解的問題──這未免使人有些尷尬。

《兩界書》卷二「造人」中，有關「造人」的敘事與既往的各類神話、學說多有不同，更不用說神學的演繹。

《兩界書》不是拘泥於「造人」的具體方式，而是重點強調這樣幾個問題──

在這個世界上為什麼要造人？

人在世界中應居於何樣的位置？

人在萬物之中與一般受造物相比有哪些不同？

人在世界中的使命是什麼？

　　《兩界書》先是講萬物（動物、植物）的產生、特性、作為，由此引出「人」在世界上被賦予的不同於一般動物的屬性、作用和使命。為此，《兩界書》融合神話、哲學、進化等學說，獨創性地把人分為「初人」、「中人」和「終人」三個階段，重點說的是「初人」和「中人」的問題。

【文選】

萬物從類

天地運轉，日月為朋，星辰相伴。地上雜草叢生，樹木茂盛，開花結果，枯而再生。

元卵化變，蟲鳥走獸盡出，大小不一，形貌萬千，習性各異。

有生性喜食草木，有生性喜食魚蟲。喜食草木者有牛、羊、馬、駝、鹿之類。厭食草木者有獅、狼、豹、虎、狗之類。

天帝使萬物各從其類，各作其為。一切皆為好，天帝欣然。

（造1章1節）

弱肉強食

黑暗降臨，大地沉靜。牲畜走獸或安睡，或趁夜走出。喜食草木者性溫順，早早安睡。厭食草木者性兇猛，黑夜不眠。狼、豹、獅、虎趁夜深四處尋覓，見弱小柔順者即吞食吃咬。黑夜裡殘畜遍野，哀號嘶鳴，慘叫不絕。

白晝來臨，可見草木花朵皆被踐踏，狼藉一片。失子母牛、母羊不斷哀鳴。有傷而未死者，或缺前腿，或缺後腿，或前腿後腿盡失，臥地苟延殘喘。

（造1章2節）

初人

天帝決意造治理者，以便治理世界。

天帝於是造出初人。

老虎、獅子、豹子之類兇猛野獸，皆為一頭、一口、兩目、兩耳、兩前腿、兩後腿，止有一心。天帝初造之人皆為兩

（初人圖）

頭、兩口、四目、四耳，四前腿、四後腿，尤有兩心，均倍於諸獸。如此以來，人就可以降服猛獸

天帝所造之人，以四目觀物，可知遠近，可明大小。以四耳聞聲，可穿黑暗，可越牆磊。以兩心行意，可往來世時，逾物越界。

天帝於萬物中以人為選，賦人超凡心力，以治理世界。

（造2章1-2節）

（中人圖）

25

中人

　　初人造出，然不領天意。雖多頭、多口、多目、多耳、多前腿、多後腿、多心，然與牛馬虎豹諸獸畜相伴，行無大異，心無大別。尤各飽腹囊為甚，懶惰縱欲復加。

　　天帝不悅，欲增其情痛，醒其心智，遂復造人，即造復人。

　　天帝將初人從中分開，由一為二，一半為男，一半為女。平日男女分處，惟男女復合方成完人。故男女須分處，獨自爬行，獨自飲食，獨有心念。

　　男女分處之人，實為天地中人，非天帝終人

（造3章1節）

人獸有別

　　人與獸畜心力有異，動行有別。

　　天帝使人直立而行，用後腿走路，以前腿持物，可高瞻遠矚。人可邊行走，邊持物驅趕牲畜，擊殺猛獸。有獸畜仿人直立，天帝不予。故獸畜不可直立，不可前腿持物，不可高瞻遠矚。後獸畜多以口持物，人多以手持物。

　　人指靈巧，可制器造物，大至移山填海，微至肉目不見。獸畜笨拙，止能足蹬爪扒。

（造3章4節）

（天水涮洗）

天水涮洗

天帝開天門，引泄高天之水。天水奔流浩蕩，依坡而聚，匯成天水大縠。

天帝派使者召集人群，列排天水縠旁，等候涮洗。惟經天水涮洗者，方可開啟蒙昧，通竅悲喜。

天使抓攫人頂毛髮，將人置於天水縠中，依次輪涮。

男人女人懼怕，不明使者用意，只曉是為天罰。眾人或掙縈嚎叫，或跳躍逃逸。

涮洗之時，男人女人顫抖，無不緊縮臂腿。人經涮洗，毛

髮減褪，盡顯光滑肌膚。惟兩腋兩腿之間毛髮殘留，使者所抓頭頂毛髮殘留。

凡經涮洗之人，皆被置於水穀另旁。男女毛髮裸褪，身爽氣通，無不心悅，皆可開口歡笑。

天帝觀之，見人與牛、馬、狗、羊、獅、虎、猴、猿諸獸畜已不一樣，欣然作罷。

人經天水涮洗，膚貌體徵與獸畜有別，心智習性與獸畜有異。人可通竅悲喜，悲時會哭，喜時會笑。悲極亦笑，喜極亦哭。

人須別於獸畜，是為天帝定例。

後天水穀亦稱笑了穀，因人經天水涮洗始會笑。獸畜未經天水涮洗不得笑，偶能哭，多以搖尾示悅。

（造4章1-2節）

以人為選

天帝看著男人女人已與獸畜不同，日出而作日落而息，心中甚悅。看著男人女人眼睛明亮，心懷恥羞，白天不再赤裸，心中甚悅。

大千世界，萬物眾生，天帝以人為選，不斷培植，增人靈性。

天帝播靈霧，靈霧啟於彩田，彌散周地，時化天雨。眾人沐浴其中，褪去身上遮擋，狂喜雀躍，歡跳不止。

　　天帝造人之工既成，就將世界交人治理。然天下男女並不盡悉天意，惟天帝明悉。

（造6章1節）

（天帝播靈霧）

【解讀】

　　此處節選了《兩界書》卷二「造人」的部分章節，以神話寓言的方式，講述了人的產生，人為何會產生，以及人在世界萬物中不同於一般動物的特殊位置。

一、萬物從類（造1章1節）：萬物的類別

　　《兩界書》卷二「造人」1章1節，主要講世界上萬物各從其類，各有各的性狀、類別、作為：大小不一，形貌萬千，習性各異，各作其為。

二、弱肉強食（造1章2節）：最初的法則

　　《兩界書》卷二「造人」1章2節，主要講述自然界的叢林法則，即弱肉強食的自然法則。

　　上述描述，為人的出現搭建了背景平臺，也是交代為什麼這個世界需要有人出現。

三、初人（造2章1-2節）：人的初始形態

　　《兩界書》卷二「造人」2章1-2節，講述天帝看到自然界弱肉強食的亂象，決定為這個世界造出一個治理者，於是就有了「造人」的緣起。這裡講了人的最初形態是什麼樣子。

為了能使人類治理世界，「初人」與一般動物不同：老虎、獅子、狼豹之類均為一頭、一口、兩目、兩耳、兩腿、兩腳、一心，而初人卻有兩頭、兩口、四目、四耳、四腿、四腳、兩心，均比動物多出一倍，以這種樸素的「倍增」的思想，冀望人類可以降服各種猛獸。

初人就這樣被造出來了。

以頭、口、目、耳、手、腳、心等肢體器官的倍增來達到人與動物的區別，以便使人能夠降服動物，從而成為世界治理者，這是天帝造人的第一次嘗試。

這裡提出了一個「天選」的概念，即天帝在世界萬事萬物中，優選出「人」，賦予人以治理世界的重任。

四、中人（造3章1-3節）：人的現時形態

《兩界書》卷二「造人」3章1-3節，講述天帝「對人復造」，即再次造人。為什麼呢？因為初人造出之後，未能領會天帝「天選」、「造治理者」的使命，反而「各飽腹囊為甚，懶惰縱欲復加」。

天帝看了十分不悅，遂決定對人再造。

天帝這次造人不再是增加人的肢體器官，而是「增其情痛，醒其心智」──只有這樣，才能把人同動物區分開來。於是天帝造了「中人」。

天帝造「中人」的方法就是將初人一分為二，一半為男

一半為女，男、女各自分處、各有心念，男、女之間既渴慕復合，又難以真正復合如初。

《兩界書》此處解說了男、女的形成，男、女的關係狀況，以及男女對後代的繁衍等問題，並表明男、女分處是繼「初人」之後的「中人」階段，並預示「中人」之後有「終人」。

五、人獸有別（造3章4節）：心力有異行動有別

《兩界書》卷二「造人」3章4節，重點講述人在心力、行動上與動物猛獸的區別，包括人可直立，可用前腿持物，可制器造物，等等。

六、天水涮洗（造4章1-2節）：人通竅悲喜知恥害羞

《兩界書》卷二「造人」4章1-2節，續講天帝對人的創造，到了這個階段，造人的重點放在了對人的心智習性的培植上。經過天水涮洗，人可通竅悲喜，亦可知恥害羞（卷二5章）。

這樣，「中人」已與「初人」有了根本的不同：初人單體同性，不分男女，中人單體單性，男女分處；初人肢體倍增，功能如常，中人肢體如常，功能超常；初人不通悲喜，不知羞恥，中人通竅悲喜，知恥害羞。

七、以人為選（造6章1-2節）：人治理世界

《兩界書》卷二「造人」6章1-2節，講天帝以「播靈霧」之法繼續培植人類，使其不同於一般動物，在大千世界、萬物眾生之中，天帝以人為優選，經過不斷培植、增人靈性，完成了造人的工作，並將世界交給人類去治理。

天帝在這裡的「造人之工」經過了三個階段：

第一步，男、女分處，使人心有苦楚情愛；第二步，天水涮洗，使人通竅悲喜，有羞恥感；第三步，天帝播靈霧，為人設置可以成為人的條件和環境，也是對人的靈性不斷培植。

經過這樣的創造培植，人在世界上就不同於其他任何動物了：「人須別於獸畜，是為天帝定例」。人充盈靈性，必定要成為世界的治理者──這就是人在世界上應處的獨特位置。

但《兩界書》對「人」的敘事並未就此了結，有幾個重要的伏筆尤其值得重視：

一是天帝決定將世界交於人類治理，但天下男女並不盡悉天意；

二是天帝超然在上，但並不袖手旁觀，而是專注默視人的行為、人對世界的治理，《兩界書》卷六「爭戰」續講天帝常遣使者落凡巡遊，「百年大巡，十年小望」（卷六11章）；

三是現時代的男、女之人，是優於「初人」的「中人」，但「中人」之後還有「終人」。至於「終人」是什麼情況，

《兩界書》未有明講，但在卷十一《命數》、卷十二《問道》中有所隱含。

當前人工智能進入了快速、空前的發展狀況，大有脫韁的野馬不可操控之勢。科學家霍金已經不止一次地發出擔憂和警告，他在接受《連線》雜誌採訪時認為，人工智能將很快達到一個「超越人類的新生命形式」，他甚至說人工智能最終可能會完全取代人類。

這不禁使人產生遐想，人工智能將會導致人類「終人」的出現嗎？

三、人為什麼會有生死？
（《兩界書》卷三　生死）

【導讀】

人為什麼會有生死？

　　這是繼「世界如何起源？」、「人類如何起源？」之後又一個終極之問，也是人類最為關切和最具現實性的問題。世界上的各種神話、宗教、哲學、科學都試圖從不同角度去破解這個終極之問。至於有關人的命數、命格、命運之類的追問，不僅為世人所關切，更成為歷代哲學、命理學和文學關注的一個永恆主題。

　　《兩界書》卷三「生死」以人性的本原為邏輯起點，延伸了《兩界書》卷二「造人」中有關「靈道」與「肉欲」的敘事軌跡：

　　　　天帝發現，所造之人常以悖逆為習，多以縱欲為性，尤以自大、貪婪、懶惰為頑疾。
　　　　天帝決意為人定命數，使人有生而不得永生，有死不至即死。

　　基於人性本身和人類的頑疾，天帝決意要為人類確定命數的限度，不僅如此，還要設定人的命格、能限、生途。天帝既賦予人類世界治理者的地位和使命，也因人性自身的問題，對人類做出必要的規限。

　　從《兩界書》的敘事哲學來看，人類對世界的治理、人性的教化演進和人類自身的修為，是一個永遠在路上的過程。

【文選】

偏離正途

　　人按天帝靈道指引，繁衍生息，起居有序。天帝使日月輪懸，與人作伴。日出喚人勞作，月出召人停歇。

　　天帝看著為好，即隱去歇息，使人以身載道。

　　人身道欲相疊，卻未得交融。不及持久，即道欲分離。道

（幼童多畸變）

消隱，頑疾出。

眾人濫行心力，心中無主，自以為大。雙目雖開，然不視頭上有天，腳下有地。心智雖聰，然不識天高無及，地厚幾深。

眾人開口不閉，婪得無厭，能食者盡食。始由口婪，進而心貪。得一者進二，得二者進三，能得盡得，欲壑不填。

眾人懶於勞作，溺於淫欲，男女交合沒了沒完。男女十歲即始交合，有同兄弟姐妹交合，有同父母交合，有同祖父祖母交合。女人一次可生六子，多者有生八子。

孩童生滿遍地，多如蟻蟲草蛾。幼童多畸變，眼鼻歪斜不整，臂腿長短不齊。

（生1章1-2節）

天帝了悟

天帝了悟一切。

天帝打開天門，天上洪水傾泄，覆滿全地。一連七天七夜，全地皆遭天洪滌蕩，無有例外。

世人多被淹斃，惟心存靈道者可得托升，漂至高山之頂。

天帝點數清算存活之人，計六男八女。七女懷身孕，一女年少，止有七歲。

存活之人身經天洪滌蕩，靈經天道檢驗，皆為良人。惟有孕七女來日所生孩童，良善惡凶皆有異變，不得預知。

（生2章1-2節）

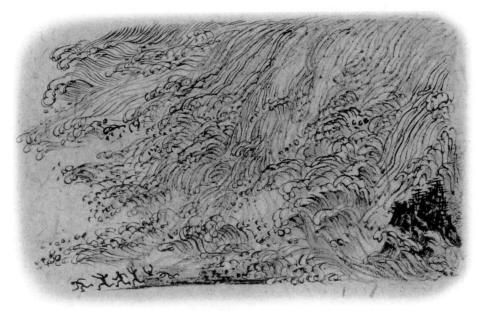

（天門泄洪）

天定命數

　　天帝發現，所造之人常以悖逆為習，多以縱欲為性，尤以自大、貪婪、懶惰為頑疾。善始者常不善終，善終者常不善始。

　　天帝決意為人定命數，使人有生而不得永生，有死不至即死。人以繁衍而嗣後，致生有所延，代有所續，道有所傳。故此以後，人皆有命，命皆有數，命數不一，各自修為。

　　存活六良男，天帝設八百二十四歲為限。存活八良女，天帝設九百六十歲為限。故現界中人，人皆有生，生皆有死，生死有序，命有定數。

39

天帝亦為良婦未生後代定命數，命數之限二百年，常人無以達致。凡常之人命數之限一百六十歲，而因勞苦爭鬥，實以三十歲至八十歲為多。

（生3章1節）

設命格

天帝為人設命格，使人各有其命，命有法式，各人不致盡同。故此一人一命數，一人一性情，一人一命格。

命格內蘊氣血，外顯面徵，暗藏指紋，天下眾生縱萬千無數，不致雷同。惟得靈道天啟者，可綜觀內氣外徵，識命格符圖，解命格紋碼，助人順命格，延命數。遠有《命格秘笈》，不為凡人所識。

（生3章2節）

設能限

天帝為人設能限，所造之人，以目觀物，可知遠近，可明大小，然不可盡觀盡知盡明。以耳聞聲，可穿黑暗，可越牆磊，然不可盡聞盡穿盡越。以心遊意，可往來時世，可逾空界，然不可盡遊意盡往來盡逾界。

現界中人，有能而無致，有生而無恆。初人之後為中人，中人之後為終人。

（生3章3節）

定生途

天帝為人定生途，以靈道為引，肉軀為載。靈肉相合相通，方可強命力，延命數，順命格，享生樂。

一人樂而從樂，從樂而眾樂。生彌珍貴，生當樂生。死為歸途，萬眾所同。

六良男八良女得天啟悟靈道，眼明心亮，周身釋然。有天籟聲起，鵬鷹相伴，眾良人手舞足蹈，為生而樂，向死而舞，三日三夜未有停息。

（生3章4節）

【解讀】

一、偏離正途（生1章1-2節）：人類固有的頑疾

　　《兩界書》卷三「生死」1章1-2節，講述天帝賦人靈道，冀望人類以身載道。然而，人類身上道、欲相疊，兩者卻未能水乳交融。道、欲相互分離，「道消隱，頑疾出」，人類常常偏離天帝指引的正途正道。這裡重點指出人類固有的「三頑疾」：

　　一是「心中無主，自以為大」，即人心無靈道、無信仰；二是「開口不閉，婪得無厭」，即口婪心貪，欲壑不填；三是「懶於勞作，溺於淫欲」，即懶惰墮落，不能節制。

　　從天帝對人的反復培植鍛造，到此處揭示人類固有的三大頑疾，可以看出，「靈道」與「肉欲」的糾纏將長久地伴隨著人類的前行。

二、天帝了悟（生2章1-2節）：洞察世間一切

　　《兩界書》卷三「生死」2章1-2節，講述天帝在上，具有洞察一切的超然能力，而且，天帝以七天七夜的洪水傾瀉，對世人進行了「靈道檢驗」，只有「良人」方能通過檢驗存活下來。值得注意的是，此處作了重要伏筆：懷有身孕的七女雖為良人，但七女來日所生孩童究竟如何，尚難預知。

三、天定命數（生3章1節）：命皆有數，各自修為

《兩界書》卷三「生死」3章1節，講述天帝決意為人類確定生命之數，要使人有生而不得永生，有死不至即死，人要通過繁衍而延續後代。這樣，人人皆有各自的命數，各人的命數並不一樣，命數的長短取決於各自的修為。

天帝為凡常之人確定的命數限度為一百六十歲，由於勞苦爭鬥，常人多在三十歲至八十歲之間。

四、設命格（生3章2節）：人各有命，命有法式

《兩界書》卷三「生死」3章2節，講述天帝為人設命格，使人各有其命，命各有法式，一人一命數，一人一性情，一人一命格。

「命格說」是古人推論解說人的命運、命理而發明的一種理論，中外均有相關方面的學說，如中國古代以生辰八字等推測人的吉凶、命運等。

此處講人的命格內蘊氣血、外顯面徵、暗藏指紋，天下眾生不致雷同，只有得到靈道天啟的人，才可綜觀內氣外徵，認識命格符圖，解讀命格紋碼，幫助他人順應命格，延長命數。

五、設能限（生3章3節）：有能而無致

《兩界書》卷三「生死」3章3節，講述天帝為所造之人設

置能力的限度，既賦予人不同於一般動物和治理世界的特殊能力，又對人的能力能量加以限制。這或許是由於天帝多次造人，而人類總是未能依照天帝靈道運行的原因，導致了天帝對人類的信任有所保留。

此處再次強調：現界中的人有能而無致，有生而無恆，初人之後為中人，中人之後為終人！

六、定生途（生3章4節）：靈道為引，肉軀為載

《兩界書》卷三「生死」3章4節，續講天帝為人類確定了生命途徑，這就是：「以靈道為引，肉軀為載」。只有靈與肉相合相通了，才可能增強人的命力，延長人的命數，才可能順應人的命格，享受生命的快樂。這樣才可能自己快樂，他人也快樂；他人快樂，才能大家共同快樂。

此處還特別強調了「樂生」的思想：「生彌珍貴，生當樂生。死為歸途，萬眾所同。」

本部分對人的生命的本質規定性作了高度的概括表述，包括人的頑疾，人的命數、命格、能限、生途等，而這些都是基於人在世界中的位置和使命所作出的根本性界說。

四、四海之內皆兄弟
（《兩界書》卷四　分族）

【導讀】

人類為什麼會不一樣？

為什麼會有不同的族群，不同的膚色、相貌、習俗、語言？

這是繼人類的「生死」問題之後，又一個本原性的問題，也是人類文明演進史上的一個首要問題。

人類各族究竟是來自同一族源，還是來自不同族源？古代各民族在其創世造人神話中，對各自民族的起源作了各自獨有的解說，近代以來的人類學、民族學、考古學、遺傳學等也從不同角度試圖加以破解，但始終未能形成一致的結論。

各類研究汗牛充棟，「最新發現」、「成果」也目不暇接，不勝枚舉。但從人類起源的類型角度而言，大致可將相關學說分為兩大類：一為單種論，一為多種論。

單種論思想認為人類來自同一起源，例如「人類非洲起源說」等。某些宗教（如一神教的猶太教、基督教等）則從其宗教的角度認為人類來自同一「天父」。

多種論則相反，認為人類起源有多發性特徵，人類是由不同源頭併發生成的。

《兩界書》卷四「分族」並未糾纏於「單種」、「多種」之分，而是重點說明早期人類的分族狀況：既為兄弟姐妹，又各自分族。同時還力圖寓言式地說明人類的語言、勞作、劃界立國以及族群紛爭等等的由來。

【文選】

人分七族

存活者六男八女，經天水涮洗，軀體康健，氣血通暢，心智開啟。

天帝有意決，多人簇擁一處不好，可各自立族，分處生息，繁衍壯大。

六男八女遂分七族。七女懷有天孕，雅、函、希、布、耶、微六女各配一男，計成六對男女。撒與七歲女童那娃相伴。是為最早七族，雅、函、希、布、耶、微、撒為七族之宗。

天帝說：

> 你們心智既開，自今以後，皆要自立自足，繁衍後代。皆要依天道行事，靈引萬物，治理世界。
>
> 你們身處異地，不再同族共生。各族靠山食山，依水食水。食山者須養山，食水者須養水。不可盡食貪食，方能長食足食。山水總相依，有者可互通。

雅、函、希、布、耶、微、撒聽而不聞，並不領悟天帝旨意。其時雅、函、希、布、耶、微、撒皆為姐妹兄弟，相貌無

差，膚色無異。

（分1章1-2節）

天風驟起

一日夜深，六男八女均已熟睡。天帝見事已齊備，眾人皆可分處自立，皆可自生天地之中，往來晝夜之間。天帝使天雲漸起，吹刮大天風。天風驟起，浮雲漫捲，萬物飄散。

天風緣自天上，發於地下，起於四周，成東西南北上下六方合風。雅、函、希、布、耶、微、撒七族之宗，隨風而起，扶搖直上九霄高空。眾人懸於天地半空，旋轉浮游十日，終遠飄萬里之外，散落四面八方。

各族飄散，同族不再，宗地皆失。

同族宗地失，分族祖地生。各族飄落之地，即為各族祖地，為族人世代所居。七族祖地或高山峻嶺、岩石沙漠，或河海湖泊、平地草原，或烈日暴曬、常年無雨，或終日冰雪、日頭少見。

族宗睡夢中飄散，懵懂中醒來。始時對周地甚感陌生，經時開墾耕種，捕魚狩獵，漸習以為常，遂世代延居。

（分2章1-2節）

（天風驟起）

劃界立國

　　雅、函、希、布、耶、微、撒諸族劃地為界，各自立國，分治天下。後人世代繁衍，國疆延續，恩怨承襲。及至十代以降，疆界愈劃愈細，立國愈來愈多，以至群雄並起，弱肉強食，戰亂不斷。

（分8章4節）

分合有度

　　天帝分族之工既成，各族散居大地一隅。各族居地山水有分，岩漠有別，糧草果蔬並不均等。天帝有意決，各族分合自有其度。日後族分族，國分國，合中有分，分中有合。

　　待天地中人理世之效顯成，合族合國將出，同族共生復現。到那時，合色之人遍地遊走，不分族域國界。言語口音雜而有通，宗地元語亦將復生。到那日，天帝甘露均潤眾生，糧草果蔬不偏一族。普天之下，萬眾同生。

（分10章1-2節）

（劃界立國）

【解讀】

一、人分七族（分1章1-2節）：七族同宗，皆為兄弟

《兩界書》卷三「分族」1章1-2節，講述天水涮洗之後，存活下來的人「氣血通暢，心智開啟」，天帝認為這樣「多人簇擁一處不好」，要各自立族、分處生息，以便能夠繁衍壯大。於是把存活的六男八女分成七族，雅、函、希、布、耶、微、撒就成了七族之宗。

分族之際，天帝特別告誡：「心智既開，自今以後，皆要自立自足，繁衍後代。皆要依天道行事，靈引萬物，治理世界。你們身處異地，不再同族共生。各族靠山食山，依水食水。食山者須養山，食水者須養水。不可盡食貪食，方能長食足食。山水總相依，有者可互通。」

二、天風驟起（分2章1-2節）：各族散落四面八方

《兩界書》卷三「分族」2章1-2節，講述天帝使天風驟起，七族之宗隨風而起，扶搖直上九霄高空，旋轉浮游十日之後，終於遠飄萬里之外，散落四面八方。天風威力之大，蓋因為天風不是一般的風，它「緣自天上，發於地下，起於四周，成東西南北上下六方合風」。

如此以來，各族便失去了「同族宗地」，各自有了「分

族祖地」。這裡提出了「宗地」、「祖地」的概念。離開「宗地」，各族起初「對周地甚感陌生，經時開墾耕種，捕魚狩獵，漸習以為常，遂世代延居」。

此處的文學敘事，內涵了人類學、考古學、史學等方面的巨大容量。

三、劃界立國（分8章4節）：各族分治天下

《兩界書》卷三「分族」8章4節，講述雅、函、希、布、耶、微、撒各族劃地為界，各自立國，分治天下。

此處特別講到後代繁衍，各族國疆延續，恩怨情仇也承襲下來，以致疆界愈劃愈細，立國愈來愈多，群雄並起，戰亂不斷。

四、分合有度（分10章1-2節）：合分互變

《兩界書》卷三「分族」10章1-2節，講述各族分立之後，散居世界一隅，但各族居地的情況並不一樣，糧草、果蔬也不均等。因此，天帝決意各族的分合問題是自有其度的。

這裡特別講到，等到「中人」治理世界的成效出來了，「合族合國將出，同族共生復現」，到那時將會出現這樣的場景：

天帝甘露均潤眾生，糧草果蔬不偏一族。普天之下，萬眾同生。

第二部分

了悟往來

——來幹什麼？

一、尋精神食糧　築靈魂居所
（《兩界書》卷五　立教）

【導讀】

宗教、信仰是如何產生的？

人為什麼會有宗教、信仰？

宗教和信仰是人類最重要的文化現象之一，也是人類特有的文化現象。

古人面對偉岸的大自然，面對風雨雷電、天災人禍，面對高山、大海、星星、月亮和太陽，面對數不盡數難以理解的事物、現象及其根源，便以人類特有的心智去解說和說明，由此形成了各種各樣體系化、超驗性的觀念和思想。

可以說，宗教是古人以目觀天、以心看物的產物，是人類以超驗的方式去認知經驗世界，以有限的思維去探知無限世界的產物。它試圖解說未知世界，試圖在現實基礎上建立一個超驗世界，試圖以超驗世界去消解現世生活的困頓壓力，試圖為人類自身尋求精神食糧和靈魂居所。

世界上有為數眾多的宗教，其中有較大影響力的有十數種。有統計顯示，目前世界73億人口中，有約超過55億人信仰各種宗教。

　　此處以超越宗教的歷史人文視野，揭示宗教產生的原理、宗教的主要類型、功能作用等，揭示人類特有的這一精神生活現象的內在奧秘和本質特徵。

【文選】

雅人蒙災

雅西為雅人族領，德高望重。平日親率族人百工勞作，致全族生息有序，族興民旺。雅人人多勢眾，體格健碩，少受異族侵擾。惟雅人漸以自大，驕惰奢靡日甚。

一日夜幕降臨，男女老幼如常安息。突有天雷轟頂，電光劈閃，天搖地動。眾人驚醒，無不惶恐。婦孺哭叫一片，男人驚悚顫抖，家人抱作一團。持續一時辰，雷聲漸息，閃電漸遠，眾人復入夢鄉。

雅西輾轉反側，無以入眠。起身走出，去到山坡高處。涼風襲來，雅西四處張望，周邊山林並無異樣。惟於天際遠處，隱泛道道白光。白光層層疊起，強弱有錯，時隱時現。雅西欲看仔細，卻不得詳見，一忽什物全無。佇立良久，雅西愈覺心慌，六神無主。

躊躇之際，雅西突被巨力摔翻。未及回神，旋即再被高高掀起，拋落深山谷底。

頃刻間天崩地裂，亂石飛迸。峭壁坍塌，大樹折斷，赤燙岩漿噴湧而出。天光閃爍，炸雷震耳，雷過耳聾。大海咆哮，野樹焚燃，山林荒野煙火一片。

（立1章1節）

（天崩地裂）

雅西追問

【雅人哀戚】

夜幕降臨，無人能眠。殘肢之痛身無忍受，失親之痛致心傷悲。

雅西傷心淚流不止。平日雅西心硬如鐵，人稱無淚雅西。此時雅西身依磐石，仰天長望，淚水勝似雨水。眾人見狀，無不惶恐哀戚。

【雅西心問】

雅西痛悲交加，心中不停追問：

天地為何崩裂？

山石為何飛滾？

大地為何搖晃使人無法穩立？

天光為何從天而降擊殺人畜？

野火為何從遠而來追趕活物？

活人活畜為何轉眼死去？

歡鬧玩童為何突然死息？

黃牛力大為何難擋山石沖打？

羚羊奔跑如飛為何難逃風火撲殺？

誰讓天地崩裂？

誰讓頑石飛走？

誰讓大地搖晃不穩？

誰把天光發射？

誰讓野火狂燒？

雅西苦思追問，問天不應，問地不靈，族人更是不得所解。雅西精疲力竭，困頓至極，不覺昏睡過去。

（立2章1-2節）

幽谷天音

【雅帝降災】

忽有天音從幽谷傳出，幽深透徹，飄渺貫耳。雅西四處尋覓，只聞其聲，未見其形。有音傳來：

雅西毋須尋找，我在這裡，在你之前。今日之事，我皆觀在眼裡。我是萬能之帝赫雅，是管轄你及雅人全族之萬能雅帝。我使你們向東，你們不可向西。我使你們向南，你們不可向北。

我降災禍於你們，遍地雅人全都見證。山崩地裂，皆因族人迷失靈道，像獸畜一樣。你們像走獸般自大貪婪，像牲畜般懶惰享樂。赫雅不擊殺懲罰，族人無以警醒。

雅人血脈之中，善惡並存，正邪固有，不加懲戒淘煉，惡邪自會膨漲。惡邪膨漲必致心亂，心亂必致生身亂，生身亂必致族失族滅。

【雅西受靈】

雅西為族領，生身載靈道。你須日日受靈悟道，日日自忖自醒，日日率族人培靈踐道。赫雅每日矚望，雅人所言所行盡在赫雅目中。赫雅遣靈使，雅人須尊崇，

如同尊崇雅帝一樣。

（立3章1-2節）

雅西傳諭

【招募族人】

夕陽西下，餘暉普照。

雅西召募族人，集合於山下凹地。凹地寬大，族人盡載。眾人舉首而望，見雅西立於高坡巨石之上。有紅獅在其右，正身危坐，巨翅一開一合。

【傳諭族人】

雅西將所得天諭默示，娓娓宣予族人。天地四方靜謐，惟雅西傳諭之音迴響：

雅族之人皆要傾聽，萬能族帝正注視觀望。自雅族生成以來，萬能族帝直在注視觀望。雅族之災族人均已看到，萬能族帝要山崩山不可不崩，要地裂地不可不裂，要天火降臨天火不可不降臨。

雅人全族遭大災，除去斃死，餘皆受傷，無有人家可免。全因族人有悖族帝指引，迷失靈道，似走獸般自大貪婪，如牲畜般惰懶享樂，惡邪血氣充斥全身，惡邪念意充斥心神。

萬能族帝要將族人領回正道，於是擊打懲罰。要致族人皮肉開裂，好使惡血邪氣流出，好使惡念邪意清除。

雅西言此，紅獅扇動雙翅，騰空而起，卷起一陣颶風。眾人驚駭，皆以雙手護頭，不敢舉望。猛獅繞族人旋飛，邊飛邊發震天鳴叫，扶搖盤旋一周，復落原處。

（立5章1-2節）

雅族八誡

【八項戒規】

雅西得族帝天諭，遂向全族宣諭雅族八誡。凡雅族之人皆須遵守，凡不遵守者皆須從族內滅除。雅人誡規如次：

雅人尊崇赫雅為萬能之帝。赫雅為世上惟一萬能之帝。

雅人尊崇帶翅紅獅。帶翅紅獅舉世無雙，乃萬能族帝之神使，雅人全族之護引。

雅人全族尊崇赤紅之色為族聖之色。赤紅之色乃雅人全族吉瑞之色。

雅人後代不可與異族通婚結合。因雅人乃萬能帝赫雅之聖民，凡同異族男女通婚者，須從雅人之中剪除。

雅人後代須孝敬父母。亦要孝敬父母之父母，孝敬

父母之兄弟姐妹。

　　雅人後代不可亂交。不可與兄弟之妻、姐妹之夫亂交。男人不可與男人交合，女人不可與女人交合。男人、女人皆不可與任一牲畜交合。

　　雅人後代不可殺人。若外族人先殺雅人則在例外。掠殺本族人者，則須以命償命。

　　雅人後代不可偷竊。不可偷食別人園內之果，偷竊別家屋內財物。雅人須自己勞作，自己收穫。該你所得可得，非你所得勿得。

　　雅西言畢，紅獅騰空而起，於雅人頂上飛舞，所過之處掀起大風，降下大雨。大雨赤紅，似血非血，似雨非雨。族人無不顫慄，無人出聲，無人敢泣。

【雅人受戒】

　　雅西將誡規重複宣諭兩遍，族人無不領受，個個默記在心。雅西隨挑幼童雅摩複誦族規，雅摩竟能由心而發，只言不差。

　　紅獅發出刺耳嘶鳴，盤旋兩周，振翅高飛。

　　雅人得諭受誡，即為雅西率領，日出而作，日落而息。族人相安和睦，勤勉守規，勞作有序。

（立6章1-2節）

撒族風順

撒族承天帝旨意，為天風吹飄遠處山川之間。所居之地，北西有峻山，名曰尼山、昆山，南東有河川，謂曰慈水、底水。居地四季分明，百年風調雨順，未遇大劫大難。族人日出而作，日落而息，專於勞作，拙於遐想，未敬神立教。不及百年，撒人心亂。

心亂而本亂，本亂而族亂，以致撒人內憂不絕，外患迭起。有智師得天帝啟悟，倡立撒教，以教立心制魔，以道揚善驅惡。後教統相傳，曲折迂迴，一波三折。

（立17章）

普羅教規

雅普、希羅立普羅教，訂普羅教規如次：

普羅教尊崇萬能天帝。萬能天帝大恩浩蕩，無所不能。

普羅教尊崇仁愛。凡尊崇萬能天帝者皆須仁愛待人，彼此互為兄弟姐妹，不分貧賤，無分族類。人當有福共用，有難共當。

普羅教尊崇孝敬。教人皆要孝敬父母，亦要孝敬父母之父母，孝敬所有年長之人，無論自家外家。

　　教人不可亂交。不可與兄弟之妻、姐妹之夫亂交。男人不可與男人交合，女人不可與女人交合。不可與任一牲畜交合。凡亂交者刺青於臉面，以作羞辱標記。

　　教人不可殺人。凡殺人者須償命被殺。如遇異教兇惡之人來襲，可自衛還擊，可痛殺來襲惡人，一個不予存留。男人皆須上前迎敵，有膽怯躲避者，可被斬殺。

　　教人不可偷竊。不可覬覦他人財物，不可不勞而獲。該獲者當獲，非已者莫取。凡伸手拿取非分之物，皆為偷竊。偷竊石榴三個以上者，可斬斷一根手指。偷竊十個以上者，可斬斷五根手指。偷竊其他財物者，由教內律士以此類推判定。如偷竊者為律士親眷，須換另外律士判定。

　　教規頒布，普羅教人無不尊奉。後有外來遇險避難之人，多留居普羅地，入普羅教。亦有教人外出貿易，將普羅教傳至異地。後入普羅教者日眾，不分族類，教人遍及各地。

　　後各族多有立教，教立萬宗，教中有教，分中有合。及至天曆萬年，教分萬流，終歸一道。天啟有曰，合而為正，道通天下。

（立18章4節）

【解讀】

一、雅人蒙災（立1章1節）：天崩地裂

《兩界書》卷五「立教」1章1節，講述雅族之人蒙受了一場滅族之災：一日夜間，突然天崩地裂、亂石飛迸，峭壁坍塌、岩漿噴湧，族人死傷無數。此處把這場滅族之災的原因歸咎為是由於雅人自以為大、驕惰奢靡。

二、雅西追問（立2章1-2節）：誰讓頑石飛起？

《兩界書》卷五「立教」2章1-2節，講述雅族首領雅西痛不欲生，不停地追問蒼天：「天地為何崩裂？山石為何飛滾？誰讓天地崩裂？誰讓頑石飛走？」雅西百思不得其解，族人更是只有惶恐。

三、幽谷天音（立3章1-2節）：皆因族人迷失靈道

《兩界書》卷五「立教」3章1-2節，以雅帝赫雅之口，講述雅人蒙災的原因，原來是雅帝赫雅所為！為什麼呢？雅帝道出了緣由：

> 我降災禍於你們，遍地雅人全都見證。山崩地裂，皆因族人迷失靈道，像獸畜一樣。你們像走獸般自大貪婪，

像牲畜般懶惰享樂。赫雅不擊殺懲罰，族人無以警醒。

原來是族帝為了懲戒雅人而故意所為，其目的在於讓族人警醒。同時，族帝還向雅西和全體族人宣示：雅西身為族領，要以身載道，日日自醒，率領族人培靈踐道。在這裡，一方面塑造了「萬能之帝」、「族神」雅帝，另一方面又以雅帝的口吻賦予雅西特殊的使命——他成了聯結族神（族帝）與族人之間的橋樑和媒介，由此也確立了雅西在族人中的精神領袖地位。

四、雅西傳諭（立5章1-2節）：將族人領回正道

《兩界書》卷五「立教」5章1-2節，講述雅西受族神的指派，把心中所得族神的默示傳達給全體族人。雅西在此傳諭的主要內容，首先是不遺餘力地強化「萬能族帝」的無所不能，強化族神對族人的關愛和重要。為了增加傳諭的可信度和感染力，還描述了一個特殊的族神使者——長有雙翅的紅獅，紅獅立旁監察，繞族人旋飛，族人無不驚怕。

五、雅族八戒（立6章1-2節）：雅人的戒規戒律

《兩界書》卷五「立教」6章1-2節，以雅西之口宣諭雅族必須遵守的族規——這些族規都是雅西從族帝那裡得到的天諭。

雅族戒規共有八項，含括了精神信仰（須遵從赫雅為世上惟一萬能之帝）、族群規範（不可與異族通婚）、家庭倫理（須

孝敬父母、不可亂交等）、行為規範（不可殺人、不可偷竊）等各個層面，形成了一整套雅族人的精神信仰和規範要求。

這裡可以看出，雅族尊奉的族教是一種典型的民族宗教，即只有雅人可以信奉，異族之人不可信奉的民族教。這是古代宗教中最為常見的一種宗教類型。

此處還交代了雅人得諭受戒之後，族人勤勉守規、勞作有序的情況，反映了族規族戒對族群發展的重要性。

《兩界書》卷五「立教」1-6章講述了雅人立教的整個過程，包括：雅族受災—族人困擾—族帝降災—降災緣由—雅西受命—傳諭戒規—族人領諭。這個過程可以說就是一部完整的宗教發生史，它概要地揭示了宗教作為一種人類文化現象的起因、形成、核心要素、內在原理、功能作用等關鍵內容。如此以來，可以說也揭開了宗教的神祕面紗，還原其作為特定時代環境下人類認知世界、反映世界的一種思想方式的本來面目。

六、撒族風順（立17章）：教統相傳，一波三折

《兩界書》卷五「立教」17章，講述撒族風調雨順，未遇大劫大難，故不善於遐想，起初也未敬神立教，但不到百年時光，族內人心大亂。於是有族內的智師站出來，聲稱得到了天帝的啟悟，開始在族內倡立撒教，「以教立心制魔，以道揚善驅惡」。撒族有了自己的民族信仰之後，代代相傳，有效地傳承了民族道統，其間經歷了一波三折的迂迴曲折。

　　這裡實際是講述了信仰和文化在民族發展中的重要作用，「撒教」在這裡並未有完整的教義教規，而是一種「道統」，一種民族的文化、思想和價值觀念，有了這些，就可達到「立心制魔，揚善驅惡」的目的。

七、普羅教規（立18章4節）：不分族類，教人遍地

　　《兩界書》卷五「立教」18章4節，講述雅普、希羅兩個來自不同部族的人，因特殊的際遇而走到一起結為夫妻，並共同創立了普羅教。普羅教不同於前述雅族、希族各自所立的族教，這些族教嚴格規定本族人不能與外族通婚，本族人只能信奉本族宗教。普羅教則是一種超越民族的普世教，即無論何人，只要信奉普羅教，皆可「彼此互為兄弟姐妹，不分貧賤，無分族類」。在對個人行為、家庭倫理等方面，普羅家則與前述各教無大異，如尊崇仁愛、尊崇孝敬、不可亂交、不可殺人、不可偷竊，等等。

　　結尾處，《兩界書》概要性地作出了總結：「後各族多有立教，教立萬宗，教中有教，分中有合」，指明不同教派之間可能存在的複雜關係。書中特別強調，「及至天曆萬年，教分萬流，終歸一道」，並昭示說：「天啟有曰，合而為正，道通天下」。

二、族群有爭戰　兄弟亦鬩牆
（《兩界書》卷六　爭戰）

【導讀】

　　爭戰是人類發展和文明演進的相伴物，是人類社會一種有本質意義的歷史和文化現象。

　　關於爭戰的起因，歷史上看大致可分為兩類：一為「物爭」，即由物而起的紛爭，諸如因爭奪糧穀、疆土、水源等等而引起的爭戰；另一為「意爭」，即因信念、信仰的不同而引起的紛爭，比如因教義、教規、崇拜物、價值觀等的不同而引起的爭戰。實際上，歷史上的許多爭戰往往又是將這兩種情形糾合在一起的。

　　從爭戰的參與者而言，也可大致分為兩類：一為「異族之爭」，即不同族群之間的爭戰；另一類為「族內之爭」，即同一族群內的爭戰。當然，歷史上的有些爭戰有時又是把上述兩種情況錯綜複雜地糾合在一起，難以斷然區分。

　　《兩界書》卷六「爭戰」部分，分別講述了部族之間、部族內部或因「物」而爭，或因「意」而爭的實例，其中「物」既包括領地、物產、水資源，也包括美女、部族地位等等；「意」則包括崇拜物件、部族道統等等，以及上述「物」與「意」的結合。

【文選】

異族入居

天曆二百一十三年，函摩利大王駕崩，長子函欽繼位。函欽為王，承襲前制，開啟新政，族規族約傳承有序。

一日天高氣爽，函欽率人出巡。所到之處，方圓百里綠藤遍布，枝蔓連綿，望無盡頭。函人村落凡屋頂高坡，皆見綠旗招展，蔚為壯觀。函欽快馬輕步，一路心悅。

眾人不覺遠行，已至百里開外華嶺之前。正待歇息，前行探兵突驚慌折回，稟報嶺前異情。函欽登坡遠望，但見山坳遠處棚屋滿布，高低錯落。一棚碩大無比，屋頂高飄赤色大旗。餘屋遍懸旌旗，大小不一。

見有異族之人入居函地，築屋建棚，函欽怒不可遏。函欽大吼一聲，令旗一揮，數百壯漢拍馬前行，衝殺而去。

（爭3章2-3節）

函雅結仇

【雅人離散】

村寨原為雅人一支所建。二十餘年之前，雅侯支族與雅人本族離散，遊來此地安營紮寨。經年無有大擾，生息繁衍，漸成規模。平日男丁壯漢外出，或耕田勞作，或捕魚狩獵，惟婦

孺老殘居屋守舍。

【拔旗燒屋】

函欽率兵馬沖入村內，拔旗燒屋，四處砍殺。留守雅人多為婦孺，無力抵抗。

夏婭為族長雅侯之妻，見族旗為異人拔折踐踏，憤怒異常。夏婭躍上旗台，手握長槍，誓死護衛。婦孺老殘群起效仿，紛登旗台，簇集夏婭身邊。

夏婭攜婦孺老殘，個個浩氣凜然。雅人雖為婦孺之輩，然揮舞長槍短棒，英雌氣概不遜壯男。函人士兵心有畏懼，不知所措，止步不前。

函欽見狀又羞又怒，威聲呵斥。眾士兵蜂擁而上，婦孺難敵壯漢，旋即死傷一片。雅人族旗倒地，村寨被占。函欽下令放火，轉眼之間狼煙四起，火光沖天。不出半個時辰，山寨化為灰燼。

函欽見狀，令士兵收拾刀槍，按原途返回。返歸之際，函人將所帶綠旗遍懸高地。

【雅人銘仇】

雅侯狩獵歸來，驚見村寨盡焚，族人幾無生還。夏婭奄奄一息，斷續訴說原委。未及言盡，斷氣身亡。

雅侯如雄獅咆哮，扯碎函人綠旗。隨後揮起長槍，欲尋函

（夏姬浩氣圖）

人報仇。年輕壯士群情激奮，誓言尋函人報仇。老者雅申上前阻攔，勸誡不可莽撞。函人人多勢眾，雅人蒼莽上陣，必定雪上加霜。

夜幕降臨，雅人圍於旗台之前，無人能眠。有人哀歎，有人低泣，有婦孺老殘尚餘氣息，低沉呻吟。

雅侯聞之望之，憤恨難忍，突揮長刀，猛力斷掉左臂，以誡族人勿忘族恨。眾人阻攔不及，一片驚呼。

（斷臂銘志圖）

青壯烈漢見狀，多欲效仿，雅申上前大聲喝阻。族仇須銘記，無臂何復仇？

【割臂銘志】

壯士不再草莽，然人人均在左臂肩上三寸，割十字臂記，以銘族仇。年幼男子雖有懼怕，然凡為雅族之男，無不割臂銘志。

自此之後，凡雅人男丁八歲之際，皆行割臂之禮，以十字臂記銘記族仇，紀念先人。此俗後為雅侯族之族規族俗，延續千年。雅、函族仇亦延續千年，終難改變。

（爭4章1-4節）

撒人爭女

【傾國之美】

撒人居地北有魏山，西有乙山。兩山為屏，烈風難吹，猛獸難襲。南面慈水，東臨田湖，漁米豐碩，鄉倫有序。

撒詹有獨女名丹倫，貌若天仙，似天女落凡，不識人煙。丹倫之美傾族傾國，遠近老幼無人不曉。

【族王好色】

族王撒仝好色愛美，曾擁宮妃三千。此時年已老邁，止能臥榻仰天，偶喚美媛榻前漫舞，聊飽眼福。每遇靚佳媛，族

75

王即昂奮，雙目泛異光。族內立有族規，天下美女均須舉薦進宮，先供老王過目，凡王中意者皆留宮內。

此例所興已久，撒仝諸子多有抱怨，然懾於父威終不敢言。

老王幾近昏癡，然權柄死握，不願傳子。尤命族人，凡涉美女金銀之事，必其躬親而為。故此長子撒寅未得承傳之位，兄弟五人亦未臣服撒寅，尤以二弟撒帶為甚。

丹倫年滿十四，既行成年之禮。族人依規將其帶至王前，眾人圍觀。樂起之時，兩傭引行，丹倫緩步移至王榻之前。雖粉黛未施，卻玲瓏天然。丹倫仙氣四溢，觀者無不屏氣凝神。

老王似被仙女之氣襲擊，竟能舉頸盯視，目光炯然。端視良久，老王欲語不能，忽現孩童孺笑，又似老狼貪煞。持續半響，王體不支，精氣耗盡，頭垂落枕。

撒寅、撒帶觀於一旁，一身冷汗，父王倒臥方得舒緩。宮臣宣告禮畢，丹倫退下返回。撒寅、撒帶目送丹倫遠去，直至倩影不見。丹倫歡喜，家人竊喜。

【兄弟提親】

次日日頭升起，撒詹門前突起喧囂之聲。撒詹出外細觀，一隊人馬由東而來。原是撒帶當先，率侍從趕至門前。撒帶恭敬有加，下馬跪拜。撒詹惶恐，趕緊回拜。撒帶端扶撒詹，眾人緩緩起身。

撒帶曰，族王選妃已過，昨夜夢得父王允諭。撒帶今依父

諭，前來提親，改日可擇良辰佳時，娶丹倫入室為妻。

話音未落，一襲人馬由西而來。眾人望去，原是撒寅趕
到。撒寅見狀，心中全然明瞭。不由分說，旋即拔出寶劍，怒
向撒帶。撒帶並不退讓，立馬起劍以對。

【以劍為語】

撒寅大聲吼叫，以兄長之尊，丹倫應歸其屬有。撒帶以
弟之序，何以搶先在前？撒帶辯稱，父王既無屬意，已夢諭撒
帶，丹倫歸帶乃父王之意。

（兄弟以劍為語）

撒寅斥其無理，變亂尊長之序。兄弟互不相讓，以劍為語。兩隊人馬見狀，一一捉對廝殺。撒詹家人嚇匍在地，不敢正視。

撒寅、撒帶後援人馬皆眾，分東西兩向蜂擁趕至，山坡上下殺聲震天。直至夕陽西落，殺聲方漸平息。但見血流成河，陳屍遍野，撒寅、撒帶倒臥其間，完屍不見。

【撒弗繼位】

半載之後，老王壽終正寢。三子撒弗繼位，時年二十有二。然撒弗體雍智昏，全靠臣宦輔佐。丹倫被納入宮成撒弗之妻，然枉為王妃，不得撒弗珍寵。

撒弗雖獲繼位，兄弟撒升、撒齊諸人並不誠服。撒人隱患深埋，恩怨情仇盤錯，終難平安寧順。

（爭10章1-5節）

天使巡望

分族以降，族族相爭，未有停息。立教以來，教派相對，未有消減。族教之內，亦爭鬥時起，少見平息。

自開天創世，天帝常遣使者人間巡望，百年大巡，十年小望。天曆三百年秋，天帝遣使者落凡巡望。見人間四處紛亂，滿地爭戰，天使心憂神傷。

天使稟報天帝曰：

　　天下族人，同為天生。分處異地，水土萬千，各
不相同。天有冷熱，地有燥濕。勞有漁耕，作有狩牧。
各族習性漸分，族統漸變。眾人居山不食山，依水不食
水，而盡坐山望水，擁水望山。

天帝回曰：

　　天下眾生，自大為源，心爭為根，物爭為本，捨命
求多。人之生途，族之道統，迢遙曲折，此起彼伏。
　　靈道既賦人，冀人以身載道，以靈制欲。人自修
為，族自承續，何去何從，可續觀續望。
　　天帝既造人，自可制人。天帝何制人，自依人修為。

　　天使聞之，心有釋然。後不時巡望，觀世察人。天帝之使
無所不在，人間世事了悟盡然。

（爭11章）

【解讀】

一、異族入居（爭3章2-3節）：爭戰緣起

《兩界書》卷六「爭戰」3章2-3節，講述在函人領地，有異族入居。異族入居之地，到處赤旗飄展，而函人則尊崇綠色，敵視赤色。這裡顯示，異族之間，不僅有了領地之爭，還有了尊赤還是尊綠的崇拜物之爭。

二、函雅結仇（爭4章1-4節）：函人雅人結下世仇

《兩界書》卷六「爭戰」4章1-4節，講述雅人一支流散進入函人居地，與函人結下族仇。雅人為了銘記與函人的滅族之恨，規定八歲男丁均需割臂銘志，此一族規成為雅人延續千年的族規族俗，而函族與雅族之間也結下了世代冤仇。

三、撒人爭女（爭10章1-5節）：兄弟鬩牆，以劍為語

《兩界書》卷六「爭戰」10章1-5節，講述撒族族王的兩個兒子撒寅、撒帶，因爭奪傾國美女丹倫而「以劍為語」、兄弟相爭的故事。

四、天使巡望（爭11章）：天帝既造人，自可制人

《兩界書》卷六「爭戰」11章，講述分族以來，族族相

爭、未有停息；立教以來，教派相對、未有消滅；族教之內，也爭鬥時起，很少平息。天帝遣派使者常來人間巡望，百年一大巡，十年一小望。使者把人間滿地爭戰的情況稟報給了天帝，天帝道出人類紛爭的根源在於：「天下眾生，自大為源，心爭為根，物爭為本，捨命求多。」一語道出人類紛爭的本性和本質！

面對人類不斷的爭鬥，那麼該怎麼辦呢？天帝說了：既然已經把靈道賦於人類，就希望人類能夠「以身載道，以靈制欲」。而且，天帝還明確告誡世人：「天帝既造人，自可制人。天帝何制人，自依人修為」。

在這裡，以天帝的告誡為警示，還是把希望寄託在人間，寄託在人類自身的修為之上，其警示意義十分明顯，也與前述卷二「造人」、卷三「生死」等篇對人類的論述和靈性的培植一脈相承。

三、順勢隨流　適時而變
（《兩界書》卷七　承續）

【導讀】

　　文明的演進是一個承前續後的過程，也是人類社會存在和發展的核心內容。

　　從婚俗嫁制、民習民俗，到族規道統、治家理世等等，恰似一條望不盡的長河，源遠流長、曲折蜿蜒。

　　不同部族的發展，猶如大樹的枝蔓、大河的支流，既有各自一脈相承地生髮、延展和壯大，也有相互間的吸納、採借和融合，整體上呈現出一種順勢隨流、適時而變的歷史大勢。

　　此處選取《兩界書》卷七「承續」部分中的婚俗嫁制、祭嬰、割禮等內容，都是文化承續中的重要事項和典範案例。

【文選】

智師創符

　　雅曲派智師分類清點，計數匯總。智師乃族中超慧之人，得天啟悟，可上觀天象，下識地理。智師初以刻痕為記，或以石版刻之，或以竹木刻之，或以牛骨龜甲刻之。後以畫符為記，男女有異，老幼有分，多寡有別。智師創符，眾人仿效，逐族相傳，遂約定俗成。

（智師創符）

凡日月星辰、天地河川、牛馬雞犬、屋舍耙鎬，皆有符圖具表，各有音聲相對。至於衣食勞作百工諸事，喜怒哀樂七情六欲，亦各有符表。天地事項，以連符而表徵，連數而推演，經年演進，及至精深。有智士專事數理之術，數數相累，增減依序，律位上階，可至無窮。

（承1章2節）

雅人婚制

雅人九族脈傳有序，婚制謹嚴。雅人規定：

不可與外族人通婚。凡與外族人通婚者，必從族內剪除，其父母亦必從族內逐出。

不可與父母通婚。凡與父母通婚者，無論父母、兒女，皆要遭亂石擊殺。水不可倒流，女不可嫁父，子不可娶母。

兄弟姐妹不可通婚。凡通婚者必遭棒打一百下，棒打不死者，可救治療傷。同父異母同母異父兄弟姐妹不可通婚。表兄弟姐妹可以通婚。

男人不可與男人通婚，女人不可與女人通婚。男人不可做女人所做之事，女人不可做男人所做之事。凡男人同男人通婚，女人同女人通婚者，須棒打三百下，棒打不死者可救治療傷。日後如若再犯，加倍棒打三百

下，棒打不死者不可救治療傷。男人與男人通婚，女人
與女人通婚，必致陰陽失序，此例若開，日後氾濫，人
孫必亡。

人不可同牲畜禽獸通婚。凡與牲畜禽獸通婚者，必
遭亂石擊殺。牲畜禽獸未經天帝涮洗，人若與之通婚，
必染異病，必生怪胎。怪胎既生，必亂倫序，遺害大矣。

人不可同自己通婚。無論男人女人都不可與自己通
婚。凡與自己通婚者，必棒打五十下，不可打死。棒打
五十下者，可致作祟之物從體內逐出。

如屬陰陽之人，就是身有男女兩性之人，亦不可與
自己通婚。陰陽之人身有兩性，實為初人影現，未經天
帝再造。可以石刀鐵刀割切，割切存活者，同天帝所造
男人女人一樣，適為中人，可男女通婚。

（承2章1節）

函人婚制

函人規定：

男人可娶多個女人，女人不可嫁多個男人。男人娶
多個女人，後裔子女繁衍增多，父源延續，像貌可辨，
族倫有序。若女人嫁多個男人，所生之子父源不分，族
脈不清，必致混亂。

函族男子可娶外族女子，函族女子不可嫁外族男子。函族男子娶外族女子，必給函族繁衍後代，傳函人血脈，長函人模樣。如所生之子像貌類同異族之人，函人祖業就不可傳他，必再生產，祖業必傳函人像貌者。

若函族女子同異族男子私奔，須將女子從函人中剪除，要往女子父母身上潑倒污水三十天，以承照管不盡之責。如女子有姐妹未嫁，須將姐妹看管起來，腳縛石鎖，以防仿其姐妹私奔。

男人如果亡妻，要選妻子平日喜好之地，安葬妻子。待妻子墳墓長滿青草，青草一尺之高，即可再娶新妻。

女人如果喪夫，要選丈夫平日喜好之地，安葬丈夫。待丈夫墳墓長滿青草，新載小樹長出兩次新芽，方可再嫁。

再嫁男人須是先夫同胞兄弟。如果先夫沒有同胞兄弟，可嫁先夫堂兄堂弟。如果先夫沒有堂兄堂弟，只可再嫁先夫同姓同門男人。因女人已跟先夫之姓，就不能再嫁外姓男人。

（承2章2節）

希人婚制

希族規定：

　　希族女人嫁至男家，若一年四季過後仍未懷子，男人就可另娶女人，女人也可另嫁男人。希人在雅人、函人周邊人數最少，要多多繁衍，使族人布滿全地。

　　希族女人不可同時嫁多個丈夫。

　　女人改嫁新夫後，不得再留戀前夫，不可再進前夫家門。如果進了，前夫須將她趕走。如果收留，像原先夫妻一樣，現夫有權棒打她。也可棒打妻子前夫，前夫現妻也可棒打她，或棒打自己丈夫，被打者不可反抗。

　　布人、撒人各有婚俗嫁制，與雅、函、希各族有同有異。

　　各族婚俗嫁制多經沿襲流變，破戒違規者時有其例，然大統延續，千年不變。

（承2章3-4節）

祭嬰之禮

【歸族之抉】

　　雅希兩族交惡，百姓往來漸少。然兩族聯姻多年，後嗣雜裔為數不少，歸雅歸希並不易決。有欲歸雅，有欲歸希，有欲雅希不歸而自立族門者。因雅人強盛，物產豐裕，自以歸雅者居多。

【月夜獻嬰】

雅瑞立規，凡欲歸雅者，均須犧牲頭生之嬰，祭拜雅神，以表心誠。凡不從者，輕者逐除不得入族，重者滅門。

每至月圓之時，族人聚於高臺之上，祭司長率眾面南而跪，行三祭三拜，方可禮成。

頭祭頭拜者，祭物為糧果，有高粱、穀粟、紅棗、石榴之類。次祭次拜者，祭物為牛、羊、雞之類。

後為三祭三拜，即重祭重拜，入族之家以頭生之嬰，無論男女，捧來置於祭台之上。先有嬰兒父母繞嬰一周，後自報名號，由祭司長刻於族冊族牌。族冊存留，以備稽考傳續，族牌留於入族家人。

行祭之時，祭司長向族神高聲稟告三遍。琴師伴樂，歌者吟唱，燭香繚繞，眾人一起叩拜。祭司長將嬰兒逐一置於祭台壘穴，壘穴東西有序，南北成行。族長率先，族人隨後，以香木香土覆於祭嬰之上。覆香木在先，覆香土在後。始時可聞嬰兒啼聲，後啼聲漸微，嬰兒歸天而去。

明月高懸，浮雲游過，族人逐一擁慰祭嬰家人。凡祭嬰之家，均獲族領允應，可得雅地居耕，可世代傳襲。再過兩年，舉家可得族首冊封。冊封之家可門第升階，高者可及爵侯。

此俗延續百多年，後漸廢。

（承10章1-2節）

（雅瑞祭嬰）

割禮之俗

【希人憂患】

　　自與雅寧、雅瑞交惡，希晉族人後裔亦與周邊異族有交惡。異族之間爭多和少，鮮有平息。雅、函兩強多以蠶食之勢擴展領地，希人邊抵抗邊避讓，四處遷徙流離。

　　天曆二百九十三年，希人連遭十年大旱，土石灼人，草木生煙。幾經天災人禍，八族希人止剩三族統傳有序，餘五族消失匿跡，不知所去。

　　希晉年事高邁，憂哀成疾，晚年雙目失明。然經世事滄桑歲月陶煉，老王肉眼閉合，天眼漸開。天眼之下，無物不可

89

視，無事不識曉。惟希人天災人患不絕，希族何去何往，常令老王費心思揣，終日不安。

【族神告諭】

一日夜深人靜，人畜皆已沉睡。忽有雄鹿啼鳴，希晉心中一驚。希晉靜聞似有腳步禦風而來，由遠及近。希晉起身挪至庭院，心知族神已在面前。希晉跪伏在地，傾心聆聽。族神道：

> 希晉，希晉，希人所經之事我皆看到。
>
> 道統有傳，授受久矣。雖經磨難，然希人族宗未改，似風吹頑石，去沙存磬。有泥沙附石隨風吹散，豈不順其自然？
>
> 族運多劫難，實為滄桑世事，族道正途。懼不在族運有難，懼在族人心石不堅，心意邪偏。祖統道傳，至要者在正族心。欲正族心，先正人心。欲正人心，先正人身。
>
> 族人須有約定，凡希人之後，男嬰割陽皮，女嬰割陰皮，以此為識。如是以往，可除藏汙納垢之所，可潔族人之身，可正族人之心。如是以往，可行千里而不失，可匯異族而不迷，可延希人族統，可正希人族道。

希晉正欲舉頭探問，雄鹿啼鳴再起。東方泛白光，族神禦

風而去。

【割禮之規】

　　希晉得啟悟，依族神曉諭，嚴立族規。凡希人所生嬰孩滿月之時，男嬰須割除陽皮，女嬰須割除陰皮。男嬰由男術師施禮，女嬰由女術師施禮。施禮之先，由族內老者率眾祈福。男嬰祈福六遍，女嬰祈福三遍。

　　祈福之後，術師以高崖靈草榨出清汁，塗抹於男嬰陽皮、女嬰陰皮，半個時辰之後，方可施術。術刀為鋒利石刀，薄如柳葉，鋒如利劍。術刀用前須經滾水清洗，再經靈草清汁浸泡。

（滿月禮慶）

施術之時，嬰兒多有哭鬧。亦有不哭不鬧者，或有嬉戲玩樂者，此類嬰孩成人之後，男子必有造就，女子必賢淑美麗。

術畢之後，族人喜悅慶賀。家人須宰殺禽畜，眾人同享同樂。因割禮施於嬰兒滿月之時，故割禮亦為希人滿月禮。

希人族規明定，凡希人之後無論男女，均須行割禮。男不行割陽，女不行割陰，不可成為希人。有拖延割禮者，日後可成逆子，多遭族人鄰里嗤笑，且須補行割禮。

施行割禮之嬰，亦有禮後哭鬧不止者，持續數月有餘，直至氣絕身亡。此為暴戾之嬰，成人之後多為悖逆之人，亡不足惜。嬰屍須埋於僻遠無人處，以防暴戾之氣彌散族人。

希人割禮之俗延續千年，未曾間斷。

（承11章1-3節）

順勢隨流

嘉弗百歲之際，嘉烏、嘉裡、嘉妥、嘉向、嘉果、嘉未六家族人會聚嘉弗本地，典行嘉弗族會。各家奉佳美糧果牲畜，致賀祝壽，敬祖祈福。嘉弗告族人曰：

嘉弗蒙天帝之恩，承嘉祖福蔭，享生百年，死而無憾。日月流轉世事滄桑，然萬變不改其宗。嘉弗後人遍布嘉地，循天帝之道，承嘉祖遺規，順勢隨流，必將源遠流長。

（順勢隨流）

　　族人如流，起自早古，去向遠方，前途未可定知，
然可預矣。嘉烏、嘉裡、嘉妥、嘉向、嘉果、嘉未各家
各族，務須立心如山，行道似水，族人必將光大昌盛。

　　嘉弗百歲之喜，亦為百年之際，西歸之期不久遠矣。
嘉弗百歲之生，始悟順勢隨流之族道，務望族人記牢。

　　高水向低，謂之順勢。東南西北，謂之隨流。何人
曾見低水向高，水可逆流？互古未曾見，天道不可逆。
然世人隨見水流東南西北，皆因水有定勢而無定向。依

勢依力依風雨，順勢而隨，其自為然也。

　　嘉人順勢隨流，可合天道，餘百年之後，可欣然而閉目。

　　嘉弗言畢，目顯祥光，駕鶴而去。嘉鳥、嘉裡、嘉妥、嘉向、嘉果、嘉未六家族人依嘉人族禮祭拜嘉弗，滿月始禮畢，各返居地。

（承14章3節）

【解讀】

一、智師創符（承1章2節）：文字和數理之術的創造

　　《兩界書》卷七「承續」1章2節，講述了人類文明演化中的兩個重要事項：一是文字符號的創造，二是數理之術的創造。文字符號經眾人仿效而逐漸約定俗成、流傳開來，最初的聰智之人專事數理、擅長計算，以致將數理之術推至精細極致。這兩項創造在人類文明史上是具有劃時代意義的重大事件。

二、雅人婚制（承2章1節）：雅人的婚姻大法

　　《兩界書》卷七「承續」2章1節，講述雅族對族人婚姻問題的規範，相當於雅族人的「婚姻法」。其內容相當全面，包括六個方面：不可與外族人通婚，不可與父母通婚，兄弟姐妹不可通婚，男人不可與男人通婚、女人不可與女人通婚，人不可同牲畜禽獸通婚，人不可同自己通婚，同時還說明了「陰陽兩性之人」的婚配問題該如何處理。

　　雅人婚制的各項規範十分嚴謹，反映了雅人所處時代、民族生存的自然環境和人文社會環境對雅族發展的深刻影響，特別值得注意的是它十分強調雅人不可同外族人通婚，這在古代民族中是一種有代表性的婚姻制度，也反映了其時雅人與異族人的族群關係。

這裡除了不可同父母通婚、不可兄弟姐妹通婚等一般的倫理規範之外，還強調了不可同性通婚、人獸交配的問題，甚至還強調了「不可同自己通婚」！

三、函人婚制（承2章2節）：函族人的婚姻規範

《兩界書》卷七「承續」2章2節，講述了函族人的婚姻制度。函人的婚制與雅人婚制有所不同，它規定男人可娶多個女人而女人不可嫁多個男人，函族男子可娶外族女子而函族女子不可嫁外族男子，以及男子亡妻、女子喪夫的有關規定，顯示出的重要特點是：一是與異族通婚的限制主要控制在女方，對男方沒有限制；二是十分強調種姓的規範，即把種姓的延續放在突出的位置。可以說這是一種典型的種姓制婚姻制度。

四、希人婚制（承2章3-4節）：大統延續，千年不變

《兩界書》卷七「承續」2章3-4節，講述希族則不像雅族、函族人的婚姻制度那樣嚴謹繁複。其他各族婚俗嫁制有同有異，沿襲流變、大統不改。

婚姻習俗與婚姻制度是一個民族傳承發展中的重要歷史文化內容，不僅反映了特定民族自身的文化特性、歷史處境，也反映了不同民族之間的族群關係和關係狀況。

五、祭嬰之禮（承10章1-2節）：入族的門票

《兩界書》卷七「承續」10章1-2節，講述雅族與希族兩族之間聯姻多年，繁衍了眾多雜裔後人，又因兩族交惡，於是產生了雜裔後人究竟歸屬雅人還是歸屬希人的問題。由於雅族之人比較強盛，物產豐裕，故以意願歸屬雅人者居多。

但意願歸屬雅人者是否心誠呢？於是雅人制定了一個「進入族門」的檢驗規則，這就是「凡欲歸雅者，均須犧牲頭生之嬰，祭拜雅神，以表心誠」，通過了這個檢驗才能獲得入族的「門票」，否則不得入族，甚至還要滅門！

以嬰兒作祭品，檢驗對族神、族王的忠誠，這項規俗今天看來相當殘忍，但反映了早期人類文明演進過程中的一種重要現象。有考古學家曾在一些地區的古代祭臺上發現「嬰墳坑」，或可作此一解。文中表述「此俗延續百多年，後漸廢，」亦表明了文明的進化趨勢。

六、割禮之俗（承11章1-3節）：身分的約定與標識

《兩界書》卷七「承續」11章1-3節，講述希晉族人的割禮習俗。割禮（circumcision）之俗在古代埃及、非洲、巴比倫、迦南等地的部族中多有流行，可分割陽（subincision）、割陰（clitoridectomy）兩種，前者施行在男性身上，後者施行於女性。其涵義多有不同解說，有的解釋為成人禮的一部分，為婚

前準備；有的解釋為警示族人不得濫交；有的賦予更多的文化符號意義。

此處具體描述了希晉族人割禮之俗的形成、涵義、方法、儀式等內容，其涵義有二：一是被作為希人同族神的約定，以此保持希人對族神的忠誠；二是希人身分的標識和象徵。與人類文化學發現的一般情形不同，此處希人的割禮習俗既對男嬰有要求，也對女嬰有要求，而非僅僅對男嬰或女嬰的一個方面有施割禮的要求。

七、順勢隨流（承14章3節）：可合天道

《兩界書》卷七「承續」14章3節，講述嘉人族長嘉弗百歲之際，召集後人告諭「順勢隨流，可合天道」之古今大律。

「高水向低，謂之順勢。東南西北，謂之隨流。」順勢，就是順應高水向低之勢，這是不可逆轉的大勢；隨流，就是東、西、南、北皆有可能，這須依時依勢依風雨而為。所以嘉弗教誨後人：順勢隨流，可合天道。此處令人想起《孟子・告子上》：「水信無分於東西，無分於上下乎？」。此處旨在強調無論族群的生息還是道統的延續，萬事萬物均需順應大道規律、適應時勢要求。

四、以約為通　守信則立
（《兩界書》卷八　盟約）

【導讀】

　　「約」、「盟約」、「契約」的概念和思想，是人類文明社會的一種本質性標識，它不僅使人類區別於一般動物群體，也使得人類社會處於有序狀態成為可能。

　　綜觀人類文明演變的進程，可以說人類社會中的一切關係都是一種「約」和「契約」的關係：夫妻之間、同事之間、上下級之間、各種相關體之間的個體關係如此，群體之間、族群之間、國家之間的整體關係更是如此，所有的人際關係及其活動都是以特定的「約」和「契約」的形式緊密地聯結在一起。

　　任何人的問題、社會問題、國家問題、國際問題，無不是由於在「約」或「契約」的方面出了問題，或者是對「約」、「契約」的認知判斷上出了問題，或者是在「約」、「契約」的承諾、守信、履行上出了問題。

　　「約」、「契約」在歷史的演進中呈現出繁複多樣的形式，既有物物交換的貿易之約、早期的部族之約，也有演進中的人神之約、集團之約、國家之約、國際公約等，並以盟約、條約、法律、規範、紀律、制度乃至社會倫理、道德、鄉民俗約等形式出現。

【文選】

合血之盟

【聯族之盟】

布其率族人游牧流散，不出十數年，已與宗族漸行漸遠。遠離祖地，布其與撒耳之族睦鄰而居。然天災人禍時降，尤有兇悍異族常襲兩族。天曆三百一十六年，布其、撒耳欲締聯族之盟，冀以合力相互扶援，共禦外敵。

訂盟之日擇於秋實之際，月高風靜之夜。布其、撒耳各率族人三千，均為族內首領將士。布其與撒耳互挽臂膊，立於隊

（合血之盟）

前，餘下族人一一作對，列排於後。有巨碩銅釜置於場中，銅釜周長三丈，高逾三尺。釜旁邊立兩族壯漢，各握鋒利大刀，威風凜凜。

布其、撒耳齊步向前，分由兩族壯漢割臂取血。撒族壯漢以鋒利之刃深割布其臂膊，布族壯漢以鋒利之刃深割撒耳臂膊。壯漢刀下皮肉立開，血流不止，混注巨釜之內。布其、撒耳之後，兩族將士依次向前，互割臂膊，合注鮮血。

篝火熊熊，婦孺旁觀，老者立於兩側，低吟迴唱，祈福頌天。

兩族將士逐對割臂，巨釜之內注滿人血。兩族老者上前攪混，餘者立旁見證，釜內即成兩族合血。布其、撒耳各舀血一瓢，先敬天帝，再敬族人，然後對拜，交臂而飲。

兩族壯士成雙結對，逐一交臂而飲，禮行徹夜。此為合血之盟，亦為聯族至約。

【合血盟約】

布其、撒耳立合血族約如下：

　　互不捕殺兩族所養羊、馬、牛與各類牲畜；
　　互不竊搶兩族之各類家物，含蓬繩、冬草之雜物；
　　互不欺侮打罵兩族眷屬婦孺，尤不得打罵兩族老人；
　　互不擊殺兩族之人；

遇怪獸侵擾，兩族須共同迎殺；

遇異族來襲，兩族須共同抗擊，以命相保。

　　自布其、撒耳兩族立盟訂約，每遇怪獸來擾，兩族同起追殺。每遇異族來襲，兩族迅報音訊，同起迎擊。

（盟1章2-3節）

柳卡羊馬

【柳巴交易】

　　柳巴祖居草地，擅牧羊馬，家有綿羊三千，肥壯潔白。是日天微亮，柳巴牽趕五十壯羊，公母各半，行路三十裡至喀拉集市交易。

　　柳巴以十隻壯羊易得黃牛兩頭，公母各一，一大一小。復以母羊兩只易得兩只藤筐，置於牛背之上。再以八隻壯羊易得稻穀兩筐。以十八隻壯羊易得粗布四領，以為妻兒縫製裙袍。余十二隻壯羊易得矛槍、弓箭各一，用以擊殺野獸，防備賊人襲擾。

　　太陽西落，餘暉映天。柳巴牽引黃牛兩頭，滿載易物，欣然返家。妻子巴娃攜兩幼子坡邊候望，見歸甚喜。巴娃細察細看，兩子前呼後擁，歡蹦跳躍。

（柳巴返家）

【柳卡欺詐】

　　柳卡為柳巴之弟，居柳巴近旁，牧馬上百。平日懶惰疏於牧放，所養草馬非瘦即弱。然終究馬貴於羊，一馬可易六羊。柳卡常以幼馬易物，獲利甚豐。

　　眼見幼馬漸少，柳卡心急生計。見大羊似馬，遂與柳巴交易，以小馬易多羊。復以大羊飾幼馬，以幼馬之值與人交易。柳卡屢得逞，心中常竊喜。

　　柳卡每至喀拉集市，多為日頭西落集市將散之時。是日柳卡復牽八頭幼馬赴市交易，八馬之中實有大羊一隻，經修飾裝扮，與幼馬幾無二致。

【德敦矇騙】

柳卡與牛主交易，欲以八頭幼馬易四頭壯牛、六頭幼牛。見天色已晚，牛主德敦即與柳卡匆匆交易，各自離去。

德敦回至家中，聽聞幼馬之中傳出羊叫之聲，甚為詫異。德敦疑己老衰耳背，遂喚妻兒辨聽。家人細聞，確有幼馬發出咩咩羊叫。家人疑惑不解，一夜未得安眠。

天伊亮，德敦從圈中趕出幼馬，逐一辨識。細察之下，果見一物似馬非馬。該物貌似白馬，發咩咩之聲，屙綿羊細屎。家人亦奇亦忿，嚷議紛紛。

【非羊非馬】

多日之後，德敦再赴喀拉集市。遠見柳卡行來，手牽一群草馬，多為各色幼馬。柳卡見德敦，上前忙搭訕。

德敦曰：「柳卡所帶何物？」

柳卡曰：「所帶如常，草馬三匹，幼馬一十三匹。」

德敦曰：「請將幼馬清點計數。」

柳卡將幼馬清點計數。德敦近前察看，指一似馬非馬之物，問曰：「是物何物？」

柳卡曰：「是為幼馬。」

德敦曰：「是物怪異，竟為何種幼馬？可使發出馬聲？」

柳卡曰：「此非白色幼馬麼？德敦年老眼眊麼？」

交語之間，圍觀者漸眾。德敦由身後取出香艾一枝，置於異物鼻邊。異物嗅聞，遂發出咩咩叫聲。眾人大感意外，此物似馬實羊？眾人皆問之，群起而譴之。

柳卡辯曰：「此物為羊馬，非馬亦非羊。」

德敦曰：「羊馬非馬非羊，豈非羊馬雜合所生？羊歸羊，馬歸馬，柳卡可使羊馬交合麼？」眾人哄笑。

柳卡正欲續辯，異物突翹粗尾，排出羊糞一堆。眾人見狀，大笑不止。

（柳卡羊馬）

【欺者重罰】

德敦述原委，聽者無不憤。眾人齊責柳卡，柳卡面紅耳赤，無地自容。眾人商曰，欺者重罰，違者重賠，柳卡須以真馬十倍償賠德敦。

柳卡欺名起，眾人相傳，皆避之不往。後喀拉集市再無柳卡蹤跡。鄉人傳曰，柳卡羞愧無顏，於集外懸樹而斃。

喀拉集市約則漸備，凡欺詐者均處以重罰。少者缺一補十，騙者假一補百。眾人多守約。偶有聰乖之人，不經利誘，欺詐謀金，獲利不菲。

（盟5章1-5節）

高崖沉金

【德敦愁苦】

德敦一生勤勉，篤行守信，重情好義，甚得鄉民敬崇。每日早起晚歸，不知歇息，勞有所獲，家中殷實。惟年逾花甲，一生勞苦，身心俱疲。加之妻室近亡，令德敦愁苦鬱悶。

【兩子不孝】

尤令德敦心寒者，乃兩子不孝，好逸惡勞。兩子雖有家室，然似畜如豬，貪享成性。

長子德未年近不惑，自幼喜好迷草，終日沉溺，百醫不

治。迷草生於山野，花豔似火，吸食如幻，不能自拔。坊間曾傳雷劈火燒可愈，然德敦諸法試遍，德未甚難有改。

次子德希遊手好閒，刁鑽奸猾，刻薄待人。其母臨終之夜，千呼萬喚盼見一面，卻得德希百般推脫。老母傳訊，有銀飾一件，可留德希傳家。德希聽聞片刻不停，飛奔趕至。德希見母急索銀飾，得後左把右看，罔顧病母。眾人前擁德希慰言老母，德希近前，不問母病，只詢多銀有否。老母欲言不能，氣絕西去。

【以犬為伴】

德敦孤寡獨守，白日與禽鳥對語，夜晚以家犬為伴。德未、德希兩子平日不見，來即索物。首索德敦存金，再索德敦存物，巧取私竊，無所不用。

一日德敦勞作歸來，恰遇德未偷潛入室四處翻尋。德未鬼鬼祟祟，見德敦歸返，攜物即逃。德敦跟蹌入室，只見四處狼藉，無處完好。有值之物幾近劫光，飯缽鐵勺亦難保全。所幸攢金埋於土下，未遭竊取。

德敦粒食不進，愴然淚下。兩子無孝，心無父母，以金為父，以銀為母。金銀竟為何物，雖冰冷而無語，似有魔而無不摧？德敦淚流不止，老心灰冷。

【沉金入海】

德敦清理殘金，留一存埋，備履鄰人之約。余金餘銀盡裝布囊，半粒不留。

德敦手拄木杖，背負布囊，夜攀臥虎高崖。高崖似虎橫臥，臨海高懸，險峻無比。平日人跡罕至，因少有疏忽，即墜崖不見。

德敦臨崖而望，只見黑水一片，水泛白光。德敦解開布囊，一生辛勞盡在其中。金銀有大有小，月下熠熠發亮。德敦細扶細數，一生之求，求來何用？德敦取金，一一拋沉入海，只聞風聲，不聽水響。

【與道為約】

有聞德敦沉金入海，或惜或歎，無不唏噓。有問德敦曰，付之深海，竟為何故？德敦回曰：

> 金銀無言語，眾人拜為主。逐之無度，致人迷途，父不父，母不母，人性盡無。

> 德敦年老身衰，然心智尤清，雙目愈明。高崖沉金，乃德敦老心所向。德敦舍金取義，心向仁義，與道為約，死可閉目矣。

　　後德敦隻身勞作，平淡而居。家中義犬相伴，兩子不擾，百歲而終。

（盟6章1-5節）

（高崖沉金）

【解讀】

一、合血之盟（盟1章2-3節）：部族間的盟約

　　《兩界書》卷八「盟約」1章2-3節，講述布其與撒耳兩族，雖分屬不同部族，但同臨天災人禍、異族侵擾，於是決定兩族之間訂立聯族盟約。此處敘述了布、撒兩族在各自首領率領下，以割臂注血的方式訂盟的情形。

　　古時人與人之間、部族與部族之間結盟，常刺臂出血而相互飲之，以表融合之意。後有宰殺牲畜，將宰殺之物分置兩旁，結盟者立於中間，相互起誓。「盟約」的本質是契約，使相關方建立起價值對等的關係，可溯至早期的物物交換、貿易活動。

　　布、撒兩族所訂盟約包括互不捕殺兩族牲畜，互不偷竊兩族雜物，互不擊殺兩族之人，共同迎擊來侵之敵等內容。

二、柳卡羊馬（盟5章1-5節）：交易須誠信，欺者要重罰

　　《兩界書》卷八「盟約」5章1-5節，講述一個名叫柳卡的乖巧投機之人，把大羊裝扮成小馬，欺騙買家的故事。騙術被揭穿，柳卡遭到眾人唾棄，大家商定了「缺一補十，假一補百」的集市約則。

三、高崖沉金(盟6章1-5節):舍金取義,與道為約

　　《兩界書》卷八「盟約」6章1-5節,講述一位名叫德敦的老人,有兩個不孝之子,他們以金為父、以銀為母,老人悲憤之下,夜登高崖,將一生積攢金銀拋沉入海。

　　眾人不解,老人回答說,他是「舍金取義,與道為約」,這樣他就可以死而閉目了!此處老人的二子未能盡孝,實際也是一個「失約」的問題,未能盡到兒子的「孝約」─孝的義務。這個故事提出的「孝約」,實際上是一個倫理範疇的問題;而老人則又進一步提出了一個「與道為約」的命題,使「約」的涵義得到了昇華。

五、百工競技　一日千里
（《兩界書》卷九　工事）

【導讀】

　　工事器物的發展與立教、爭戰、習規習俗的傳承等雖然不同，但代表了人類文明演進的另一個基本方面和核心內容，即物質文明的發展。

　　工，甲骨文作工，形似豎向放置的一把斧子，做工的工具。人類的工事行為從低級到高級，是文明演進的重要組成和標識，如果簡單地將「工事」喻作「硬體」，那麼這種「硬體」是伴隨著人類文明的「軟體」（如分族、立教、家庭、婚姻等）不斷升級進步的，並與人類社會的「軟體系統」緊密地契合在一起。所以「工事」的問題不僅是「工事」，更是「人事」，是「人事」的重要內容，並與「人事」相關聯，相互影響。只有從這樣的角度看待「工事」，才能真正了悟「工事」在人類發展體系中的意義和價值，從而促使「工事」對人類進步發揮出正向助力作用，才能讓「工事」造福於人類，而不致走向它的反面。

　　從人類所造最初的器物，到今天的資訊技術、太空技術、核能技術、生物技術、基因技術乃至人工智能等等，可以說是百工競技、一日千里！尤其是近年來，各個領域的科學技術以

幾何等級的增速膨脹發展，不光令人目不暇接、不知所措，甚至令人產生了深深的擔憂、些許的恐懼。

劍橋遺傳學教授奧布裡・德格雷等聲稱，他們已經破解了衰老基因，2100年後出生的人可活1000-5000歲；以色列希伯來大學尤瓦爾・諾亞・哈拉利教授（Yuval Noah Harari）則認為，300年後，統治地球的已不是人類！有人預言，再過數十年，人工智能就將超過人類，終結者將至，「留給人類的時間不多了」！

伴隨著人類生存和進步的工事器物，是繼續像老黃牛一樣陪伴人類生息勞作，還是像脫韁的野馬、瘋狂的餓獸沖進人類的家園？何去何從，的確到了應該引起人類深刻反思和重視的時間節點了。

《兩界書》卷九「工事」部分，以寓言的形式和變異的手法，高度濃縮了人類工事發展的歷史景觀和可能趨勢，並始終與對人類精神和人類命運的思考結合在一起。

【文選】

函含造飛車

【突得靈悟】

函含閉戶自省，家人愁苦萬分。函含祈盼天帝啟悟，冀有神靈相助。函含心知，惟得天帝之靈，藉天帝神力，方可成飛車之夢。

函含竭思盡慮，絕望之際突得靈悟。

函含挑來千年鶴木，冀鶴木通靈，可成飛車。鶴木長生千年，坊傳多賦靈性，善解人情。鶴木多生峭壁，纖輕牢韌，時有山人不慎落崖，均得鶴木伸枝攔抱。民裡均以鶴木為神木，敬拜有加。

鶴木亦可預知吉凶，每有惡凶事臨，諸如天災疫情，鶴木自會縮枝垂葉，圍抱一團。每有喜樂吉事，鶴木自會張枝舒葉，招來翠鳥鵲雀。族人有習約，鶴木展凶象，家家足不出戶，男女不工。鶴木展吉象，族人欣喜，百工諸事，無不吉祥。

函含仰視鶴木，祈拜再三，傾述心中愁思。但見鶴木似解人愁，應聲飄擺，上下不停。

【鶴木成車】

函含遂挑選上好鶴木，精製木車。復雕四隻赤足丹頂仙

鶴，爪立木車四角扶柄。經馬不停蹄晝夜趕製，終於月圓之際造成飛車。

眾人見車，尤見四鶴栩栩如生，無不稱奇。只是心有擔憂，木車能否飛天。

函含面車而坐，閉目祈拜，旁人無敢驚擾。

外有嘈雜之聲傳來，族王一行駕到。函含妻兒恐懼，跪伏在地不敢仰視。函含如石所雕，紋絲不動。隨從見對族王不敬，上前呵斥，為族王喝止。

函塔爾細察細看，見木車玲瓏精緻，車角四鶴靈氣外顯。然上前扶拭，見硬木而不見軟羽，見死靜而不見活動。函塔爾慍色漸起，責問飛車何飛？

函含無應，依舊坐如磐石，靜似泥雕。函塔爾見狀甚怒，揮手示意欲予斬殺。眾人跪告求饒，周邊泣聲四起。

【魂托木鶴】

隨從正欲上前，只見函含額筋暴漲，鬢間汗湧如注。眾人驚詫，函含所流之汗竟為血汗。血汗赤紅，浸染半襟衣衫。

眾人皆恐，族王大驚。

半個時辰過後，函含血汗流盡，人如枯材，閉目而逝。函含軀骨不倒，魂靈歸天。

轉見木鶴尤得函含魂托，冠頂漸赤，羽毛閃動，目睛泛神。

忽聽嘎嘎幾聲長叫，四鶴合力，爪抓車柄，木車竟能騰

空。木車漸飛漸高，快慢有序，轉眼已上雲端。高空盤旋一周，木車緩降，復停族王面前。

函塔爾甚喜，遂搭乘上去，左扶右看。隨從亦上車作伴，四鶴騰空而起，攜族王返回宮中。

飛車既成，函塔爾出行非飛車莫乘。族王常攜嬪妃多人，暢遊周邊峻山麗水。

【飛車向月】

函塔爾一日忽有奇想，欲乘飛車探視月宮。傳月上為仙境，遍地清風丹桂，更有佳麗曼舞。侍臣憂道途遙遠，高不勝寒。然函塔爾決意無改，擇佳日吉時，備美肴厚袍，攜嬪妃隨傭，飛車向月而去。

後人不見函塔爾歸返。傳王至月宮，身置仙境，樂不知返。亦傳王至天星，有去無返。族人日日期待，或曰月圓之時王可歸，或曰月損之時王可回，然終不見歸回。

（工2章5-8節）

冬甲造地龍

【掘穴而居】

冬甲之人實為微東族人所遺。微人先祖曾遭天雷轟擊，火雲覆頂，惟微東家僥倖活命，漸融於異族。經年繁衍流變，終成冬甲族人。

（飛車向月）

雖與鄰人多有交融，然膚表體態有別於鄰人，尤以身小、膚深、卷髮、四目為顯徵。冬甲人男高不足三尺，女人尤低，常居深山溝壑之間。尤擅掘穴而居，穴深可達百丈。

冬甲人掘穴有方，所造穿山地龍，可游刃於山嶽堅石之中。地龍身披鐵甲，三爪尖利，挖吞吐棄，入地萬丈，遠及天邊。

冬甲人所居祺山、發嶺一帶，山中地下洞道縱橫，洞口星羅，往來交通甚為便利。洞道亦可避災，尤可避天雷火雲。

【挖損祺山神絡】

天曆三百一十四年冬，冬甲地龍掘至祺山樞脈，挖損祺山神絡。山神震怒，噴吐岩漿。岩漿火燙，四處蔓延，觸木即焦，觸人即亡。後祺山一帶多礁石光岩，少樹木百草。

冬甲人傷亡過半，遭此一劫，無人敢再造地龍，再掘洞道。所造地龍棄置不用，有謂地龍自毀，有謂縮變甲蟲逃逸，成穿山甲蟲。洞道多廢棄，或為岩漿掩埋，後人只可偶見痕跡。

（工3章1-2節）

賽禺造時鏡

【家有兩子】

賽禺年逾古稀，早時苦煩塵世，離家棄室，獨居松山之上。白日雀鳥為友，夜晚松林作伴。晝夜潛心靜研，感天悟人，常得天啟神諭。

賽禺家有兩子，長子賽虎，次子賽豹。賽虎、賽豹娶妻生子，或植樹培果，或播種糧穀，各自圈地勞作。然年前遇大旱，蝗蟲遮天，草木凋零。遍地糧果無收，人饑牲亡，一片潦困。

惟松山東坡之下島洲之地，得天之蔭，果樹茂盛，糧穀豐登。賽虎築籬劃地，賽豹修笆圈林。虎修豹拆，豹修虎拆，一來一往，日夜爭奪無休。男女齊揮鎬，老幼共上陣，強取豪奪，親情不再。

虎豹相爭，各據其理。虎曰年長於豹，洲地開荒先於豹。豹曰自幼玩耍於洲地，攀樹摘果，捉鳥捕魚，無所不為，遍留痕跡。虎豹爭執不下，兄弟拔刀相見。

【落山裁決】

賽禺松山望聞，眼見親子相殺，遂落山裁決。

賽禺修行已久，得天啟悟，竟成時鏡。所造時鏡，狀似銅鑼，面如琉晶，光潔平滑，雙面可視。一面為前時鏡，可預知未來，顯將行之事。另面為後時鏡，可溯知往昔，顯本源史實。

時鏡惟通賽禺心脈，方可運用生像。時鏡、心脈相通，物人合一，天眼開啟。故時鏡顯像耗精費氣，顯像片刻，賽禺須靜養多日。

賽禺臨降，賽虎、賽豹各攜家眷跪拜。虎豹向前，訴說天旱蝗災之苦，互責不仁不義之舉。

虎訴曰：

　　　天旱蝗災之下，遍地無收。惟島洲之地有糧有果，皆因虎率家人拓荒開墾，以披星之勤血汗之勞，始得豐裕之收。然豹欲獨據洲地，何理所在？

豹聞後曰：

虎言甚差。虎雖年長，然豹自幼貪玩，常往來洲地家居之間。洲地一草一木，豹盡瞭若指掌。豹亦築渠引水，四處移花接木。如今天旱，蝗災俱襲，虎欲蠶食洲地，何理之有？

虎豹互責，各不相讓。

【鏡像為證】

賽禹聽聞，並不言語。遂取出碩大時鏡，屏息閉目，運氣通脈，片刻之後微微張目。

虎、豹近看，大吃一驚，鏡中影像歷歷在目。尤令虎豹匪夷所思者，鏡中所現之事依時光倒序，無一遺漏。

鏡中所顯虎言之狀，虎見甚氣壯，怒目瞪視豹弟。鏡中所顯豹言之狀，豹見甚氣壯，怒目瞪視虎兄。時鏡甚顯蝗災之前景象，直至虎豹幼時嬉戲玩耍，亦一一盡顯。

見兄弟幼時親密無間，虎豹對視皆有愧色。見兄弟幼時同採同摘互喂美果，虎豹相覷口無所言。

賽禹滿額大汗，放下時鏡，對虎豹家人曰：

虎豹皆見否？幼時兄弟手足，兩心無猜，並無爭拗。天旱蝗災來襲，兄弟理應互攜互扶，共度難關。不想兄弟以利為驅，見利忘義，皆欲獨吞獨享。何以至

此？何以兄不認弟、弟不識兄？

聽罷賽禹所言，虎豹二人似有所動，半晌無言。賽禹翻轉時鏡，由後時之觀轉為前時之鏡，鏡內影像即按時光前行之序顯現。

虎豹眾人甚驚詫，紛紛爭觀來日之事。只是賽禹氣喘吁吁，精氣難繼，突撒手氣絕，時鏡關閉。

（工5章1-3節）

（時鏡圖）

百工競場

【匠工匯聚】

松山西南八千里，西海之岸工坊林立，匠工聚匯，天下工事無不可見，人稱百工競場。

冶煉之工當以瑞意、德羅為精。瑞意擅冶黑金、紅金，可從黑石、鑠石之中煉取黑金、黑鐵，可從砂石、紅石之中煉取紅金、紅銅。所煉黑金、紅金硬比石堅，銳比火劍，無所不承，無所不摧。

德羅擅冶白金、輕金，可從白砂、灰石之中煉取白金、輕金。所煉白金、輕金剛柔並濟，加添石粉，剛如黑鐵，輕如檀木。加添木油，柔如綿泥，細可抽絲，拔拉十裡而不折。

制器之工繁雜，至精至奇。船舟水器品類繁多，型制各異，巨細皆全。有遊泛水面，有潛行水中，巨者可載山，微者如細鰻。飛鳶空器多如林鳥，可載人運物，可逾山越海。鐵甲地器多如地蟲，堅者可穿石，柔者可過溪，行速快慢有序，前進後退自如。

【智器神手】

有極聰極慧之人，靈思開悟，製成精算之器。精算之器初以計數為能，微數巨數無所不計，及至無盡之數亦可推演。

後精算之器合以矽石、輕金，精設巧構，置罡山神龕三

月，即成智器。智器得賦神功，可駐人聲，可貯人影，可溯往昔，可預未來。

　　有超智之人名伊諾，集黑金、白金、紅金、輕金、矽石、檀木之材，藉智器神功製成神手器。神手器坊稱超度，意為超凡之手。超度幾無不能，亦稱萬能器。

　　萬能器功無不及，首擅度量測衡。凡時間長短，空間遠近，均可度測細微。尤奇者可度測天上星辰，地下寶藏，海中魚蟲，及至萬物存變。

　　有度測山底儲金，於是眾人移山取金。有度測海中有銀，於是眾人圍海取銀。有度測星辰繁多，於是有人企欲攀星登辰，拓開新地。

　　有王試以度測群臣之忠奸，度測群傭之勤惰，亦大致不差。有朝臣衣冠楚楚道貌岸然，然陽奉陰違，瞞上欺下。王幾經測度，終得驗證，凡奸詐之臣皆遭除殺。後有極奸之人巧用超度，機關用盡，巧設計謀，忠善之人反遭汙陷，蒙無辜之冤。

【無所不能】

　　雲高秋實時節，有匠人以超度為器，取陽精陰液合混，竟成母體孕化之功，造出活嬰。活嬰由成型至呼氣自動，僅費時三月。後甚可取成人片肉，器孕培育，複製成人。複製之人漸大，竟同原人無異，音容舉止分毫不差。

一日，突有成群超度湧出，其形如人，大小不一，高矮不齊。超度走街串巷，所到之處或噴氣吐火，或泄糞排毒。眾人見之，呼之不應，避之不及。超度力大無比，刁鑽奸猾，出自人工，人反被制。

有超度稱曰異能，以精金巧構而成。異能既成，無所不能。

異能徑闖王宮，吸食族王，坐於王座，遂成新王。異能音貌與族王無分，畫理王務，夜寢王榻，王后不察。異能召宮內朝臣頻頒王令，有令族人列隊入海，有令族人自斬家人。族內上下不解，違者皆遭格殺。朝臣令官無奈，庶民百姓鼠逃。

（工6章1-3節）

天冰地封

【工事惡脹】

百工廠內，工事惡脹，天地不勝，人為器奴。超度無所不在，工物暴行，靈道不暢，人性不張。

天地苦憂，天臉灰沉似地皮，地皮病瘠似癩痢。有天使巡遊，見西海之岸人為器制，速報天帝。

【升海百尺】

天帝明察，遂升海水百尺，淹西岸於海底，遍野山島即成大海。天帝復降大雪百日，冰封其上，冰如磐石，厚如高山。

自此百工競場不再，人跡全無。惟少許禽鳥走獸，因善遊耐寒而存活其上。

（工7章1-2節）

（天冰地封）

【解讀】

一、函含造飛車（工2章5-8節）：飛車向月，不見歸返

　　《兩界書》卷九「工事」2章5-8節，講述能工巧匠函含受族王之命，以通靈神木製造飛車的故事。經千辛萬苦，得天帝啟悟，函含以生命為代價，終於為族王製成飛車。族王飛車向月，卻再也沒有返還人間。

　　中國古時曾有各類木制飛器，《墨子‧魯問》曾載，公輸般造木鵲，可飛三日。又有傳說：墨子為木鳶，三年而成，成而飛之，三日不下。外國古代亦有類似傳說。

二、冬甲造地龍（工3章1-2節）：挖損神絡，山神震怒

　　《兩界書》卷九「工事」3章1-2節，講述冬甲族人製造了一種穿山掘土的神器—穿山地龍，它鋒利無比，可以自如地游刃於山嶽堅石之中，在冬甲族人居住的祺山發嶺一帶，山中地下的洞道星羅棋佈。但冬甲地龍掘地過度，挖損了祺山神絡，山神震怒，噴吐火燙岩漿，冬甲人死傷過半。此處實際表述了人與自然和諧相處的問題。

三、賽禺造時鏡（工5章1-3節）：前知未來，後溯往昔

　　《兩界書》卷九「工事」5章1-3節，講述賽禺製造了一個

神奇的時間鏡子，時鏡有雙面：一面為前時鏡，可以預知未來，顯示將要到來的事情；一面為後時鏡，可以溯知往昔，看到過往的本源史實。此處不僅在於「時鏡」製造的本身，更在於體現了人類對時間的認知。

四、百工競場（工6章1-3節）：匠工匯聚，無所不能

　　《兩界書》卷九「工事」6章1-3節，講述有一個匠工匯聚的地方，人稱百工競場，這裡能工巧匠無所不有，天下工事無所不能，各類器物無所不見。製造的一種叫作「異能」的神器無所不能，竟然食掉族王，坐於王座，像族王一樣發號施令。更為匪夷所思的是，異能臥於王榻，與王后同寢，而王后毫無覺察！

五、天冰地封（工7章1-2節）：工事惡脹，靈道不暢

　　《兩界書》卷九「工事」7章1-2節，講述在百工廠內，各類工事過度發展，已經超過了天地所能承擔的限度，人類淪為工器的奴隸，人性不張，靈道不暢。天帝明察了這些，升海水、降大雪，將百工競場封於冰雪之下。

六、善惡糾合　人性教化
（《兩界書》卷十　教化）

【導讀】

　　人類分族發展，無論是各自立教、道統傳承、工事進步，還是相互爭戰、結盟訂約，歸根結底可以歸結為人性的教化和人類自身的不斷完善，可以說，一部人類文明史本質上就是一部人性教化史，人類邁向文明的步伐，一直是在人性善惡的糾合、博弈中踟躕前行的。

　　正因為如此，人性本善還是性本惡的問題從一開始就成為一個本原性的哲學命題。《孟子‧告子上》說，「人性之善也，猶水之就下也。人無有不善，水無有不下。」《荀子》則說，「人之性惡，其善者偽也」。人類從對自身的美好期許出發，多持「性本善」之說，《三字經》及各類家教格言莫不如此。

　　實際上，簡單地以「性本善」、「性本惡」來認知人性之本，都是一種簡單化的判斷，既不符合人性自身的本質屬性，也不符合人類文明進化的史跡史實。

　　《兩界書》從「造人」之初到人的「生死」判定，乃至到人類對世界的治理，本質上一直是在對「人性」的屬性問題進行著一種文化哲學層面的思考。此處不同於過往的學說，提出了「人之初，性本合」的命題，而非簡單地區分人性的善與惡。

　　「人之初，性本合」有兩層基本涵義：一為「善惡結合」，即人性中的善與惡是糾合在一起的，不存在絕對的「性本善」、和「性本惡」，無善即無惡，無惡亦無善。二是人性中的善與惡相適相合、互為依託，人類是在善與惡的相互轉化中，力圖實現揚善抑惡。因此而言，「教化」是人類文明進化的本質內涵和核心要求。了悟了人性的這一本質特徵，對認識人類自身、認識他人、認識社會的矛盾和文明發展，無疑有重要意義。

　　《詩・周南・關雎序》有曰：「美教化，移風俗」。中國古代思想始終強調政教風化，並以此作為完善人格、治家理世的路徑和基礎。事實上，人性教化是人類最基本的文明自覺。

【文選】

帝山石銘

【古有帝山】

帝山位萬國之中，諸族之央。山崖陡峭，巍峨聳立。登頂可觀四面，落山可通八方。

面東山崖，峻峭光平，草木不生。崖上多有畫符，以血砂塗之，硝煙燎之，經千年風吹日曬，愈依栩栩如生。

畫符敘載開天闢地，尤記初人天生，中人演進，風雨雷電，獸禽競處。天地萬象無所不包，陰陽交合界有化變。

【字符祕意】

所顯字符，似識而不認，似知而不曉，蓋以天書所記，凡人難辨。然人圖獸像之下，字符交錯，詩畫滿岩，細辨可識祕意。記曰：

> 人之初，性本合。
> 惡有善，善有惡。
> 善惡共，生亦克。
> 心向善，靈之道。

身向惡，軀使然。

身心合，順天道。

　　帝山石銘多族傳誦，婦孺皆曉。然徹悟其諦者甚罕，多為囫圇吞棗。惟智士靈道之人可大致明曉，而其妙在似曉非曉、非曉似曉之間。在似是非是、非是似是之間。在恆中有變、變中有恆之間。

（教1章1-2節）

（帝山石銘圖）

雙面人國

【前後有臉】

帝山畫符之中，至多者為雙面人符。畫之鑿鑿，人之切切，蓋莫能盡。所記帝山之東南西北各地，昔時皆有雙面人國。

雙面之人，前後皆有臉面。

前臉端莊色正，慈眉善目。後臉貌似惡鬼，形態各異。因多以正臉示人，後臉漸小，常以多髮遮掩。

（雙面人圖）

面由心生，人有雙面，蓋因內有雙心。一心向善，一心向惡。善心以善面向人，噁心以惡面向人。

【正面向人】

有修善好義之人，得天帝靈道指引，立臥皆舉善行。天長日久，後向惡面漸萎，終為毛髮覆蓋，只剩正面示人。此為善人，得庶眾敬慕，尊為正人，譽為君子。

世人漸覺惡面為醜，多以正人為範，多舉善行，棄惡揚善。習之為積，好之為常，雙面之人善面漸大，惡面日微。有惡面碩大者，人多不願為伍，交往婚配日難，現於人群，多遭白眼。

經年久後，芸芸眾生皆以善面示人，惡面漸微，藏而不露。

【心藏深處】

然面變易心變難，因心藏深處，並不見日示人。故人之善惡兩心故在，大小因人而異，實難測量。不同之人，抑或同人之心，亦因時因地而異變，並非恆定。

天帝觀之，喜人向善棄惡，施行教化之道。天帝亦憂，惡面可掩而噁心難除。尤憂善惡難辨，善惡通變。

【切心術】

一日天帝遣天醫降臨，欲行切心之術，為人除噁心。眾人列排施術，天醫不分男女，逐一開腔摘心。雙心止留其善，黑

汙醜陋者除之。多犬侍旁，見之搶食。

然人之雙心之中，善惡交疊，形同色混，實難區辨。若皆除之，人無心則死，不死則獸，遺害甚大。更有多人雙心合體，無所分辨，難以斷開。亦有懼怕施術者，趁黑夜逃遁山林。

天醫無奈，歸去稟告天帝。所經摘心者，亦難存活長久，更難留後。

【識心難】

雙面人國經多年變演，漸成單面之人。後雙面人國消逝，世存均為單面之人，多以善面示人。

然面皮雖一，面容萬多。善面易呈，秉性難改。時面由心生，由相知心。時飾面隱心，善惡不辨。

故曰識面易，識心難。一時識心易，恆久識心難。

（教2章1-5節）

綠齒人

【隱於群人】

帝山周邊，昔有綠齒人隱於群人之中。

綠齒人常時與人無異，開口言笑顯皓月白齒，友善親近，其樂融融。每遇適時之機，惡邪由心作祟，其齒由白變綠。綠齒碩大，鋒利無比，或吸吮人血，或戮食人肉，尤以婦孺良善之人常遭食殺。

　　綠齒人生性狡點，汲血食人常乘人不備，不為人知。事畢之後不留跡痕，半日不出，綠齒即復原狀。經年久多，偶有綠齒人為人發現捕捉。

【美果誘童】

　　一日傍晚，七八小童嬉戲於山邊槐樹之下。一綠齒人近前，圖以美果誘童，引入林中噬食。然小童沉湎嬉戲，食果而不離群。綠齒人無機下手，無奈而漸愠，口內綠齒顯露，賊人以手相掩。

　　小童酥泰不慎跌倒而傷，倒臥一旁歇息，余伴續戲樂。酥泰瞥見賊人似有綠齒，心中惶恐，偷偷回村稟告族人。

（美果誘童）

　　族人壯漢多人趕至，綠齒人抿嘴憨笑，似無異樣。族人問之，賊人應而不答，邊禮應邊起身欲逃。眾人將其扭住，綠齒人終掩飾不住，露出滿口利齒。眾人痛打之，石擊棒捶，終成肉泥。

【鄉人俗規】

　　鄉人漸有俗規，婦孺夜晚不出門，三人之下不外行。十裡八鄉多有壯漢巡戒，凡遇綠齒之人，皆群起圍打擊殺。久而久之，綠齒人不敢妄為，偶在夜間出遊。後噬血食人者漸少，多行偷雞摸狗之盜。

　　亦有綠齒人受外眾之迫，自省自恥，欲行善抑惡，每遇惡欲起，咬齒以抑制。其人綠齒漸小漸淡，惟後牙之根遺有殘痕。綠齒不再外顯，然綠齒人混於人群，惡念難絕。

（教3章1-3節）

尾人國

【人長毛尾】

　　帝山以西偏南約五百里，有國曰尾人國，國人皆長毛尾。其人行事為欲所驅，行南輒南，行北輒北，與獸相仿，亦稱獸人國。

【為所欲為】

國王烏裡出身庶民，力大無比。曾有三千獅身虎頭怪獸侵襲，百姓死傷不計其數。烏裡率人抗擊，一人殺獸無數，後被族人擁戴為王。

烏裡為王，威高權重，為所欲為。

凡遇美女，即擄為妾奴，毋須避掩。凡遇美酒，即就地暢飲，爛醉成泥。凡遇愛物，金銀珠寶、綾羅綢緞之類，即攫而取之，宮內堆積如山，腐爛如泥。見肥羊家禽，即令捕捉，回宮宰殺。食羊僅食羊鼻，食雞僅食雞舌，餘皆棄之。

【群起效仿】

烏裡之下六宮朝臣，敬王俯首貼耳，理政無敢諫言。王不在場，朝臣群起仿之，深入民裡，搜刮民脂。權貴爾虞我詐，或徑相傾軋，或向王獻讒，藉王之力致敵於死。

庶民窮苦，先任權貴宰割，後有樣學樣，蜂擁群起。能食則食，能奪則奪，能竊則竊，能搶則搶。日落西山如獸寢，日出東方從頭起。

斯國上下，人皆以尾為榮。位愈高尾愈大，位尾相應，見尾知位。國王烏裡尾粗且長，直立於後，高過頭項，可左右舞動，可前後倒臥，威嚴無比。

朝臣權貴，各有中長之尾。粗細長短大致，或豎或拖，因

時因地有變，百姓見之，無不畏懼。至於庶民百姓，亦長獸狀毛尾，只是短小，多夾於身後，不易顯見。大尾者趾高氣揚，小尾者受盡淩辱，終日鬱悶不歡。

【獸性暢行】

　　族內獸性暢行，少人能異。王者率先，權貴後繼，庶民仿隨，個個恐後爭先。

（王尾粗長）

饑者不擇食，盡物可吃。貪者不擇物，凡物皆取。族內上下人人自危，晝夜惶恐無所著依。

有乘鄉民沉睡之機偷割人耳，偷挖人目，斷人手足，竊人臟腑者。有強盜活人，解而食之者。被掠者多為婦孺，或為己享用，或轉於他人，換金易物。

【互視異類】

族內皋覺一支鄰水而居，身有尾而心另類。族領皋覺得天道啟悟，厭惡尾人類獸，率族人遠去，行至東方無尾國。

無尾國人皆無尾，或有尾甚短，可觸不可視。其人自食其力，節行有制，夜不閉戶。陌人相見友善和氣，親如家人。

皋覺諸人抵至無尾國，有尾無尾者互不相適，均以異眼相看，彼此互視異類。

無尾者鄙視有尾者粗俗類獸，有尾者怨怒左規右矩不知所措。無尾人或強制以待，或循循誘導。有尾人始時手足無適，後自慚形穢，獸性漸改。

有尾人欲成無尾人，或自斷其尾，或為人所斷，漸與常人同樣。有斷尾者斷而復生，生而再斷，反復多次。經年之後，皋覺後人多無尾，習性養成幾與無尾人類同。

皋覺去尾之曆至為神奇，不時傳至尾人故國。尾人國人聞之多有逃離，庶民權貴皆眾。

（互視異類）

【尾人國民反】

　　天曆三百六十三年，尾人國民反，見尾長者即殺。烏裡王老朽無力，亦難逃劫運。未遭斬殺者多自斷其尾，一時間人尾遍野，皆成犬食。後多有復長其尾者，然不敢顯露，惟緊夾於股後。

　　此後其人皆無尾，常人多留尾痕，不見尾體。鄰里相處，漸少獸性獸行。凡以獸性獸行見世者，皆為人不齒。

然因尾基所在，每遇適機，常有復生復顯。每約六至八代，或循復一輪。

（教4章1-6節）

菩度行道

【菩度返家】

哈法治下，有凡人名菩度，自幼勤勉，心地純善。弱冠之年即承父雇約，離家長工。

年復一年，三十載恍如一瞬，不覺已屆天命之年。平日起早貪黑勞作不讓，深得東家嘉賞。年關將至，菩度上念父母下牽妻兒，不禁悵然有歎：

> 魂牽夢縈思舊土，我心歸故家。他鄉搏利枉圖名，身筋疲，心惶惶。兒時戲水有清溪，今日何處尋？鄰家小妹已珠黃，清月疊殘陽。
>
> 歲月匆匆留不住，鬢髮摧槐黃。眼望秋水東流去，留不住，源細長。天命似知心猶在，前路向何方？惟見天際卷輕雲，鴻雁排行行。

冬至將至，菩度結清工錢，備好衣糧，告別東家工友，踏上返家之路。

【梨花大雪】

菩度夜宿晝行，行至十日，故家遠山已極目隱現。

然天有不測風雲，午時未過，北風驟起，大雪普降。雪大過鵝毛，雪色似梨花，白中泛紅。菩度心慌，一生見雪無數，然未見梨花大雪，心中不辨吉凶。

雪大風急，荊棘老樹三尺不見。忽聞家犬吠叫，菩度心喜，循聲而去，望見炊煙嬝繞。

【風雪益暴】

菩度敲門，有婦相迎。室內惟見一婦一家狗，左顧右盼，再無他人。

家婦名曼陀，四十掛零，似曾相識，未曾相見。平日獨居山中，有猛犬為伴。今有陌漢雪天造訪，頗感詫異心慌。菩度觀望外天，大雪不止反暴，欲行不能。

不覺天黑，菩度、曼陀分處兩邊，和衣而臥。中有取暖木火，時閃時暗。黑夜漸深，木火漸息，風雪益暴。

菩度可聞曼陀喘息，知其醒而未眠。曼陀可嗅菩度呼氣，知其閉目遐想。菩度欲言又止，曼陀欲語還休。

雙人伴睡，菩度心如翻江，身似蟲咬。曼陀思前想後，心湧似濤。菩度時念家人妻室，時謫己有非分之想。如此反復，不覺時過三更。

（梨花大雪）

　　久未入眠，曼陀寬解外襖，舒身仰臥。有女香襲來，菩度實難自抑，起身行至曼陀身前。曼陀並不張目，欲言又止，欲迎又休。菩度俯身相擁，曼陀順勢而前，兩相交環而抱。

旁臥家犬突怒，咆哮而起，撕咬菩度不放。二人驚嚇，曼陀急呵斥，猛犬轉而遷怒，直撲曼陀。二人合力自救，悸悸分於兩旁，每欲近身，猛犬即怒。

曼陀掩面而泣，菩度不知所措。

【天亮雪小】

天亮雪小，菩度起身趕路。曼陀欲留不能，噙淚依依不捨。菩度悵然而別，逝於雪石山林之間。

菩度摸索前行，餐風沐雪，豺犬擋道，九死一生。次日天黑夜深之際，終抵村口。一路凍餓交迫，菩度幾近昏厥。

【夜深抵家】

菩度敲開家門，妻室惶恐，不知所措。菩度細瞧，原家弟在內，已不居家，鳩占鵲巢。

菩度外出年餘，晝盼夜思，眼前所見，如雷轟頂。妻弟二人跪地求饒，菩度癱坐，無以言語。

【悲戚離去】

長夜漫漫，寒風凜冽。天亮之際，菩度解留所剩銀兩，悲戚離去。其妻左求右告不得允應，惟呼天號地，淚別家夫。

【又見梨花】

菩度行於荒野，不明所去。三日徘徊，又見天降梨花大雪。菩度體力不支，終昏厥倒臥於雪地草叢。

待其蘇醒，驚覺周身暖熱，置身曼陀屋舍。

菩度不解，左顧右盼，斷定非夢。菩度心悸猛犬，四處尋望。曼陀識其所懼，告曰猛犬不會再擾。

（教10章1-10節）

士耕爾織

【凡常人家】

帝山東南捌百里，依山臨海，居一凡常人家，男名士，女名爾。

士以耕為作，爾以織為業。士耕爾織，朝起而作，日落而息，日復日年復年，風雨如常。

居旁有園名澳園，園內果樹遍地。一樹千年不老，隱於半坡深處。傳曰此樹生於天帝定命年間，其時天火暴降，萬物皆滅，惟有此樹生而不死。

【元樹元果】

樹葉樹貌與常無異，然樹果有甘有辛，僅觀外象不可辨識。先人稱樹為元樹，元樹結元果，亦稱甘辛果。

（元樹圖）

　　元樹至奇不在甘辛兩果共結，而在凡人採食，無可盡甘盡辛。所採兩果必有一甘一辛，第三果者辛甘難定，或辛或甘。故若三果兩辛以為常，三果兩甘實為幸，三果盡甘無可能。

　　士祖居此地，了然其祕，嘗曰：

　　　　一棵元樹三隻果，甘辛未知各一顆。兩甘一辛好運氣，一甘兩辛尤常可。

　　凡常之人不明事理，縱為超智之人亦難了悟，多以盡甘為求。世人有腦汁絞盡，有千試萬探，實皆枉然。

【滿者至反】

　　天下世事實皆亦然，十分者為滿，滿者至反。凡事十之六七即為常，果物諸事如此，人之善惡吉凶亦不例外。

　　世之本義，乃數數之奧。世本為數，物本數序，為本數度。故識數不迷，知數不殆。數數之在，數序之列，為度之比，乃世義至本。

（一根扁擔兩隻筐）

　　士每日耕作，常攜三娃同去。勞作完畢，慣以扁擔挑娃而歸。三娃至喜，分入前後兩筐。士樂而自唱，娃喜而隨和：

　　　　一根扁擔兩只筐，三個娃兒兩邊裝。挑中挑前也挑後，輕重長短自掂量。

【天光四起】

　　士半百之年，一日耕於田間，暴雨突降，天光四起。士感皮肉盡裂，腦髓暴漲，天光穿身。眼前萬物不見，惟見數碼輪顯。細觀萬數，蓋以一、二、三、四、五、六為基，演繹變幻。

　　士與爾相擁，竟覺肉體相合，身心超然。士天眼開，驚見一本、二維、三生、四象、五行、六說之玄意。

　　經此天光開眼，士似脫胎換骨，徹觀塵世，超然俗間。後日夜研磨，終悟萬古而來，大千世界，實乃無生有一，一分二維，二合生三，三衍萬物，萬物四象，根於五行，行於六說，六說合正，成七歸一。

（教11章1-5節）

【解讀】

一、帝山石銘（教1章1-2節）：人之初，性本合

　　《兩界書》卷十「教化」1章1-2節，講述在帝山崖石之上，刻有一段昭示人性祕意的文字，文字顯示說：「人之初，性本合。惡有善，善有惡。善惡共，生亦克。」此處不同於孟子的性本善、荀子的性本惡之說，而是表明「人之初，性本合」、「善惡共，生亦克」，以「兩界辨證法」，思考人性的善惡相合、相生相剋、互轉變化的本質特徵和屬性。

二、雙面人國（教2章1-5節）：識面易，識心難

　　《兩界書》卷十「教化」2章1-5節，講述古時帝山周邊有許多雙面人國。在雙面人國，人人都有兩面，一面慈眉善目，一面貌似惡鬼，原因在於「面由心生，人有雙心」。此處以「切心術」等寓言故事講述了人類試圖揚善抑惡的努力，文尾揭示：「善面易呈，秉性難改」；「識面易，識心難。一時識心易，恆久識心難」。

三、綠齒人（教3章1-3節）：惡念難絕

　　《兩界書》卷十「教化」3章1-3節，講述綠齒人的故事，實際上是續講人性的「惡念難絕」，揭示一方面人類有「揚善

抑惡」的追求，另一方面要根除人性中的惡並不容易。

四、尾人國（教5章1-6節）：尾斷尾基在

《兩界書》卷十「教化」5章1-6節，講述古時有個尾人國，人人長有毛尾，國內獸性暢行。有人得天道啟悟，來到無尾人國，開始的時候有尾人與無尾人互不適應，後無尾人自慚形穢，逐漸斷掉其尾，獸性漸改。後尾人國的百姓起而造反，都以有尾為恥，或強制斷掉，或自己斷掉，最後人人都成了無尾人。然而由於尾巴的根基還在，一旦遇到適宜的時機，其尾還會復生復長。此處仍在強調人性進化之周折艱難。

五、菩度行道（教10章1-10節）：一路崎嶇多困擾

《兩界書》卷十「教化」10章1-10節，講述一位名叫菩度的凡常人，常年離家在外做工，年關之前返家途中和返家後所發生的故事。此處重點敘述了菩度與村婦曼陀雪夜獨處時的內心糾結，以及返家時發現自己外出之際，家弟已經鳩占鵲巢的內心痛苦。此處實際是在講述人性自身的矛盾困擾，涉及到男女性愛、倫理關係等因素的相互交織和糾纏。

六、士耕爾織（教11章1-5節）：天光四起，天眼開

《兩界書》卷十「教化」11章1-5節，講述一對普通男女的勞作生活，及其偶然間得到的開悟天啟。耕夫名士，織婦名

爾，園內有一奇樹，所結果實有辛有甘，「三果兩辛以為常，三果兩甘實為幸，三果盡甘無可能。」一日突遇暴雨，天光四起，士腦髓暴漲，天眼大開，「脫胎換骨，徹觀塵世」，終悟出「大千世界，實乃無生有一，一分二維，二合生三，三衍萬物，萬物四象，根於五行，行於六說，六說合正，成七歸一。」此處綜合了中國古代易學、儒學與希臘畢達哥拉斯哲學等相關思想，並加以融合提升，以「數哲學」的方式將世界的本原和本體用「無」、「一」、「二」、「三」、「四」、「五」、「六」、「七」幾個數字進行了抽象和概括。

第三部分

走向未來

——往哪裡去？

一、人的前路：趨向與可能
（《兩界書》卷十一　命數）

【導讀】

個人能否永生，人類會否永存？

人類前路何在，會向何處去？

這是人類關切的又一終極之問。

古代中國和世界，無數先賢聖哲都對此作出了各種各樣的思考探問；當今世界，隨著科學技術特別是基因技術、人工智能的迅猛發展，人們在享受科技和物質饗宴的同時，也愈發對人類前程產生了深沉、急迫的關切，甚至擔憂。

《兩界書》卷三「生死」篇有「天定命數」之說，講天帝在「造人之工」中對人的命數、命格、能限、生途都作了原則性的設定。

《兩界書》卷十一「命數」篇，講述了人類在漫長、具體的生命旅程中，始終存有克服「天定命數」的生命渴望和追求，這種渴望和追求既有世俗意義上肉身生存的時間長短，也有人類基於陰陽兩界、時空兩維、過去與未來的意識穿越而對生命本質的感悟認知。重要的是，這種感悟認知並不局限於空

靈的玄想，而是可以從形上走到形下，從而對人類的現世行為、生命實踐產生重要影響。

《兩界書》卷十一「命數」還力圖通過塑造兩種不同的第二現實——烏托邦和反面烏托邦，來反思人類現世行為，影響人類的生命實踐。

烏托邦是一種美好的新世界，展示的是正向的人類追求，這是自古而來人類共同具有的願景和願望。反面烏托邦（anti-utopia）也可以稱為警世烏托邦，它通過塑造各種悲慘、悲劇和可怕的景象，來針砭人類行為中的負面要素，並以此勸誡人類，其警世意義十分明顯。

《兩界書‧命數》關注的是人類個體和人類整體的「命數」問題，展現了人類前行的趨向與可能，其落腳點顯然是現世中的人。

【文選】

雅尤仙洞

【天光空降】

　　雅尤離凡，天降驟雨，七天七夜未停。及至八日晨，突有天雷轟響，天光空降，直擊靈山近頂。

　　雨過天晴，天光擊處，生坐北朝南巨洞一座。洞為雅尤仙居之所，後人稱雅尤仙洞。洞深無垠，通連四海，可接仙界。仙洞懸立峭壁，平日凡人難至，心誠悟道者偶有至達。

【祈問密鑰】

　　雅里果繼族王之位，理政修身，德彪績顯。一日雅里果拋卻俗務，離絕美色佳餚，入洞誠拜雅尤。

　　雅里果入洞三日，四壁漆黑，不見紋絲光亮。黑暗之中，似有冥線牽連，雅里果持恆以待，不曾放棄。

　　及至第十日，雅里果軀肢癱軟如泥臥地，漸與山石融結一體。恍惚之中，似有天音迴旋，可聞而不可細辨。

　　洞中漸有光亮生出，忽隱忽顯。雅里果舉目望去，似見雅尤立於當前。雅里果叩拜，稟報治國理邦福民之業，祈問長生不老密鑰。

【命如懸燈】

　　光影應聲漸亮，原為懸燈顯現。其光赤紅陽綠金黃相混，雅里果見所未見。

　　聽有雅尤回音，聲出仙洞四壁。雅尤曰：

　　　　萬物有始，必定有終。終即始，始即終，始終本一。然凡界為俗塵所障，眼之所見，止為象觀，心之所往，止為相端。

　　　　亙古以降，人之熙熙，勞碌奔忙，無不渴求富貴長生，無不懼畏貧賤終死。萬般心機，千般索尋，實皆枉然。

　　　　雅里果舉頭前視，所見何物？

　　雅里果答曰，俗目短視，惟見懸燈之光。
　　雅尤曰：

　　　　命如懸燈，亦息亦亮。有油則亮，油竭則息。燈油有度，亮息有時，費心耗神，豈不枉費命燈之油？

　　　　燈亮不在大，溫固而彌久。既防燥亮之虛旺，亦防驟風而摧滅。

（命如懸燈）

【燈油何來】

雅里果問曰，命燈之油何來？何以為命燈添油？

雅尤曰：

渴慕肉軀不腐，命性使然，世人皆同，尤以權貴為甚。權貴冀以靈草為命油，然遍尋山海，無處可尋。冀以金銀易命油，然命油非物，故無物可易，反因心機耗費，惡損命油。

命油之源首在父母，故人須孝敬父母。

命油之源次在靈修，蓋因命之所損，無外修身不善，邪毒入身。

邪毒入身有四徑，或從口入，或從膚浸，或從心進，或由心自生。

至烈者當為心毒，心毒無形而有跡，有跡而不視，不視故難禦。心毒所至變亂理脈，阻滯氣絡，命油不暢而自枯竭。

心毒既可外侵，亦可自生，故須禦外固內。固內者亦為禦外，禦外者亦助固內，兩相輔成。

【心通燈明】

故欲長生延年，務須保全己身。保全己身，首以保全己心為要。己心保全，心路暢通。心路暢通，心燈明亮。心燈明亮，命燈長久。

脫俗入仙者，蓋因了卻俗塵纏牽，身心淨潔，心燈清明。然芸芸眾生，多無從脫俗，實難實不難矣。

人多生自凡胎，足立俗地，故欲脫凡胎離俗地實為不易。然身出凡胎，心可通靈。心誠以致，可通靈道。靈道行，心路通。心路通，心燈明，命燈長久。此謂立俗而不俗，肉身俗而心不俗。

【三燈齊映】

　　天帝創世，晝有日燈，高天生輝，世界光亮，萬物有生機。夜有月燈，大地安詳，黑暗不迷，眾生得生息。人有心燈，靈肉相適，陰陽相宜，天地人相合。心燈點亮，三燈齊映，與日月同光。人心有天光，肉身長久，靈魂不朽。

　　雅尤言畢，仙燈漸隱，回復如常。雅里果續留仙洞百日，得雅尤真傳，始悟命數命理之諦。

（命3章1-6節）

否泰之轉

【雁鳥為朋】

　　有鳥平日總發「來好」之聲，故稱來好鳥。來好鳥可懂人語，可與人言。每至日落之際，來好停於山坡，眼望雅霍，直發：來好，來好。

　　雅霍嘲曰，終日勞苦溫飽難得，爾等復稱來好、來好。何來之好？何時來好？來好總對曰，來日會好，來日會好。

　　來好邊歡歌邊雀躍，雅霍見之甚為開心。

　　日復日，年復年，雅霍安於清貧，居於寧靜。終日勤以為業，與鳥為伴，不覺十年晃過，兩鬢斑霜。

（來好鳥）

【人無定運】

雅霍恍如隔世，閑來常與來好對言。雅霍以來好為聖，敬鳥如神，每聞來好之聲，無不肅然起敬。惜雅霍之後無人能通來好之語，無人能識來好之聖。

一日雅霍見來好心憂神傷，似有淚珠奪眶欲出。

來好曰：

天有天道，人有人運。天道有恆，人無定運。命定有數，數不盡數。數度有變，運跡無痕。否極泰來，泰久否至。力合天道，大泰小否。平衡否泰，不可極盡。否至無須悲傷，多思來好之語。泰順勿可忘形，否泰一線之間。

雅霍聽罷，頻頻稱是。

【人各有命】

來好續曰：

> 來好亦有命數，無從可改。地上之人，無論富貴貧賤，各有其命，命有其數。地上活物，無論居於何方，共有同命，命有其數。

雅霍問曰，芸芸眾生，散滿全地，各有其命，不難其解，何以共有同命？

來好曰，同生為同命，同滅亦為同命。

雅霍仍不明，眾生無數，遍布天涯，同生可喻，同滅何解？

【必有其終】

來好曰：

> 物有起始，必有其終，恰如日有東升，必有西落。然升為落之始，落為升之終。末日終將至，可期不可預。

雅霍問曰，同生在現世，同滅在何時？滅有何徵？

來好曰：

生始有啟因，滅終有其緣。其跡可尋，其徵可見。異象叢生，積多為徵。風雨來臨蟻上樹，屋宇將覆鼠先逃。

來好與雅霍終日廝守，每日告諭一異象。雅霍集錄為《來好天諭》，後集為《異象天諭》，凡五十卷。

（命6章1-9節）

天象變亂

【日頭變異】

末日將至，天象有徵。

那日將至之時，天有鐵幕蔽遮，白晝不見日頭，只有烏雲漂浮。

藍天變色灰天，空中彌散硝煙。怪味四處發出，地竅日夜生煙。

日頭當空之時，突被天狗吞食。

【晝夜失序】

白晝瞬變黑夜，伸手難見五指。白晝點燈，夜晚光亮，晝夜顛倒，交替失序。

日中有黑鳥，忽進忽出。黑鳥似啄食，日頭出缺失。圓日不圓，豁口爛邊。

（多日並出）

白晝高懸月亮，黑夜冒出太陽。

月亮忽東忽西，太陽忽下忽上。

太陽被縛，月亮被綁。或高懸靜止，或不升不落。

【冬夏失衡】

太陽不止一個，東西南北並出。

日頭高懸之際，大雨傾盆而降。雨水鮮紅似血，

又似黃砂泥漿。

流火之月，有冰雹傾砸，雹大如雞卵。

165

冬日不見片雪，大雪飄在春夏。

【怪像迭出】

有沖天水龍海底竄出，高飛萬丈。

有漫天風龍平地而出，呼嘯扶搖，攜卷人畜，屋宇搬家。

大鳥碩大可馱人畜，立馬不見蹤影全無。

天空有爆響，似雷非雷。

雲端有怪像，似獸非獸。

（命7章1-4節）

地象變易

【果糧不常】

梨樹八月開花，桃樹結出青棗。

李子長成角豆，味同青欖苦瓜。

夏棗長成吊瓜，石榴變成葫蘆。

玉米長出紅豆，綠豆開出棉花。

麥子味如淤土，稻穀味如石蠟。

一樹結出八果，酸甜苦辣皆有。

樹根往上，露在土外。

樹梢倒長，埋入土中。

穀果變異，翻倍暴漲。

人食變異，奔向終人。

【地象怪異】

地火從山頂冒出，白煙從山腰下流。

發紅泥漿四處奔湧，蔓延之處草木立焦。硫煙彌散大地，人畜聞到不萎即腐。

海水不藍不綠，非紅即黃。

河水不清不澈，非黃即黑，酸鹹腥臭，魚蟲不生。

水往倒流，百川納海。

海蟲飛到陸地，山鳥飛入深海。

陸人海底築舍，又欲雲中做家。

（命8章1-5節）

物象化異

【怪物層出】

母牛生出綿羊，綿羊生出花狗。

碩鼠大過黑貓，公鼠哺乳幼貓。

馬臉似牛，牛臉似豬。

或眼鼻朝後，或一身兩頭。或短缺一腿，或多長一蹄。尾巴長在腰上，斷腿長在股上。

孔雀不再長羽，光身盡見皮肉。

黑豬不長鬃毛，雙肋冒出羽翅。

日有怪物生出，似馬如牛，似牛如豬，似豬如狗，似狗

（馬臉似牛　牛臉似豬）

如猴。

　　怪物層出，數不盡數，不活三日隨即消亡。

【本能顛倒】

　　公雞生蛋，母雞啼鳴。

　　雞不分公母，鴨不會游泳。

　　山羊不能登山，獵犬不再奔跑。

　　高馬跑不過母牛，公牛拉不動木車。

　　羊不再吃草，牛不再出奶。

　　奶牛擠出黃尿，母羊擠出狗血。

　　兔子跑不過烏龜，大象被螞蟻吃食。

　　老虎不長牙齒，犬狗見貓即逃。

　　老鼠中意野貓，豬狗熊牛一家。

　　狗不識主人，向親人狂吠，隨陌人回家。

　　斑馬變成河馬，河馬變成象牛。

　　河馬出沒沙漠，駱駝下海泛遊。

（命9章1-2節）

人象迷亂

【男女性變】

　　那日將來之際，女人多生怪胎。

　　有三頭六臂，有缺頭少臂。

有男嬰貌似牛娃，有女嬰身如鯢鰻。

有眼睛長在頭後，有嘴巴豎在額前。

男人不喜女人，多喜男人。

女人不喜男人，多喜女人。

男人與男人一起，如同男人與女人一起。

女人與女人一起，如同女人與男人一起。

女人生子不用男人，男人生子不用女人。

生出幼子身如蛆蟲，生出幼女貌似果蠅。

人與牲畜家禽媾合，生出非人非畜之物。

人與自己婚配，自己作夫作妻。

男嬰女嬰不生，以此為好。

有人寧與屍骨交歡，不與活人交合。

有人宵與死皮交歡，不與活人交合。

女人長鬍鬚，男人大乳房。

女人聲如洪鐘音如悶雷，男人聲如黃鶯細如雛鳥。

【人自生變】

長人極長，短人極短。

胖人極胖，瘦人極瘦。

瘦者長大頭，大如木鼓泥缸。

胖者長細腿，細如蜘蟲鴕鳥。

滿街之人，肚大似盤輪，綿軟如蛆蟲。

（瘦者長大頭　胖者長細腿）

手臂不能揮斧，腿腳不能登坡。

滿街之人，上牙脫落，愈來愈少；下牙多長，愈來愈大。

滿街之人，大頭似懸瓜，頸項如游絲，風吹即斷落。

滿街之人，要麼糞門不開，尿門不合，要麼尿門不開，糞門不合。

滿街之人，木訥似呆瓜，遲鈍如泥牛，皮厚賽黑豬，骨軟似蛆蟲。

至微小蟲肉眼不見，鑽進男人女人體內。

滋生冷熱怪病，致人冷如冰凍，熱如火烤，反覆兩次，即喪性命。

小蟲說來就來，說去就去，隔三差五，人心惶惶。

兩歲女嬰體如生母，三歲男童性勝生父。

生母變女嬰，生父似男童。

男嬰生下直立行走，女嬰生下開口說話。

嬰兒啼鳴似唱歌，成人吟歌如哭嚎。

【食無原食】

眾人不食糧穀，專食古怪罕物。

甚以人肉為佳餚，更以糞便為大補。

毒液變為調汁，砒霜變為拌料。

食無原食，居無靜所。

七十歲男人吮二十歲女人奶汁，二十歲女人爭做七十歲男人後媽。

【生息悖序】

多人終日嗜睡，從天亮到日落，從日落到日出。

多人終日無眠，從日落到日出，從日出到日落。

生息悖序，晝夜顛倒。

日出歇息，縮卷不出。

日落勞作，黑夜不眠。

白晝遮陽蔽日，夜晚點燈造光。

【人為器奴】

聰智乖巧至極，人無片刻寧靜。

下可入地萬丈，上可登天造屋。

眾人無力固廣廈，一人彈指毀萬屋。

人造萬能工器，工器造出活人。

男女不隨天定，工器隨意造人。

人為工器造主，又為工器之奴。

死物擺布活人，活人無覺無策。

【人無定性】

男人不再知恥，女人不再識羞，滿街男女赤裸奔跑。

男人似牲畜，隨地高舉陽器。

女人妖作祟，羞處張開示人。

兄弟不親，父母不認。

爺孫輩分不分，血緣倫常亂淆。

夫妻同枕異夢，鄰里掘井設坑。

眾人日夜傾軋，只盼他人死光。

人無定性，心無坦誠。

一忽變人，一忽變鬼。

口出甜言，勝似鮮蜜。

心藏詭計，險毒似蠍。

無話不假，流言盛行。

真人說假話，假人說真話。

真假不辨，善惡不分。

習非成是，謬以為常。

謊言可賺千金，誠仁不值一文。

竊賊滿地，男女不分。

賊人足不出屋，行竊千里之外。

【心無神明】

心無神明，止有黴菌。

以金為拜，勝過爹娘。

利己之欲，毫髮可察，鼠洞可進。

利人之事，遮目不見，舉手不勞。

公義失蹤，黑白顛倒。

尊黑為白，尊白為黑。

口是心非，表裡不一。

崇邪尚黑，結黨營私。

心饑無食糧，魂游無居所。

邪說疊起，惡魔主心。

拜死石朽木為神，崇歪腔邪調癡迷。

心慌慌空身似皮囊，亂尋主自欺欺世人。

失心失靈不止，失氣失血不停。

如犬狂噪失言語，如貓叫春失節制。

【基化因變】

男女合性，陰陽不辨。

基化因變，心塞意亂。

烈光穿地，地脈斷裂。

地氣紊亂，地心流血。

大地暴散，浮塵漫天。

（命10章1-8節）

時空不維

【時燈急燃】

四季顛倒，春後為冬，冬後即夏。

春日萬物凋零，冬日老樹發芽。

臘月不穿衣，酷暑披大襖。

三更出日頭，日升匆急落。

日子短暫，忽如落石。

一年短似一日，百年逝如一月。

時燈急燃，光油急耗。

時光將耗盡，萬物即靜止。

不見時序延展，歸於死寂默息。

【遠空急聚】

遠空急聚，間離混亂。

咫尺遠過千里，天涯近在眼前。

時序不維，空序不再。

高山不高，深淵不深。

萬有歸無，無蘊萬有。

有無無間，復歸一元。

（命11章1-2節）

【解讀】

一、雅尤仙洞（命3章1-6節）：命如懸燈

《兩界書》卷十一「命數」3章1-6節，講述一位名叫雅里果的君王，向仙人雅尤問詢長生之道的故事。雅尤以「油燈」為喻，告誡雅里果：「命如懸燈，亦息亦亮。有油則亮，油竭則息」。這裡的關鍵在於「命油」從何而來？人如何獲得源源不斷的命油而實現長生？

雅尤的訓誡是：命油之源首在父母，故人須孝敬父母；次在個人的靈修，因為人命的損耗無外修身不善，導致邪毒入身，而邪毒入身的路徑有四個：口入、膚浸、心進、自生。雅尤所要表達的生命啟示是，人的生命的長短與意義，歸根結底在於個人的修身，而不在於企望外物的幫助。

雅尤還進一步論說了「保全己身」的重要，以及保全己身重在「保全己心」的道理：己心保全，則心路暢通；心路暢通，則心燈明亮；心燈明亮，則命燈長久。而人生更高的境界在於「三燈齊映」：

　　　　晝有日燈，高天生輝，世界光亮，萬物有生機。夜有月燈，大地安詳，黑暗不迷，眾生得生息。人有心燈，靈肉相適，陰陽相宜，天地人相合。心燈點亮，三燈齊

177

映，與日月同光。人心有天光，肉身長久，靈魂不朽。

雅尤在這裡提出：人的真正長生在於「靈魂不朽」，而靈魂不朽惟有把個體的生命與日月天地相融，才能實現。

二、否泰之轉（命6章1-9節）：生始有因，滅終有緣

《兩界書》卷十一「命數」6章1-9節，講述了雅霍與一隻名叫「來好」的雁鳥之間的對語。「來好」每日總發「來好，來好」之聲，故被稱為「來好鳥」。「來好」告誡雅霍：「天道有恆，人無定運；否極泰來，泰久否至；否至無須悲傷，多思來好之語；泰順勿可忘形，否泰一線之間」。

針對雅霍對「未來何來」的疑問，「來好」特別強調了「生始有啟因，滅終有其緣」，而且表明「未來將來」有其跡象和徵兆可尋：「風雨來臨蟻上樹，屋宇將覆鼠先逃」。

此處旨在借「來好鳥」之口，通過對「生始啟因」、「滅終其緣」的辨證研判，表達對人類現世行為的勸喻和對未來走向的關切。

三、天象變亂（命7章1-4節）：怪像迭出

《兩界書》卷十一「命數」7章1-4節，講述天象變亂的各種景象，包括日頭變異、晝夜失序、冬夏失衡、怪像迭出，等等。

此處屬典型的警世烏托邦，旨在表述對人的警戒和勸喻。

四、地象變易（命8章1-5節）：果糧不常

《兩界書》卷十一「命數」8章1-5節，講述地象變易的各種景象，包括地勢變換、怪蟲湧出、旱澇並行、果糧不常、地象怪異，等等。

此處亦屬典型的警世烏托邦，現實針對性強。

五、物象化異（命9章1-2節）：本能顛倒

《兩界書》卷十一「命數」9章1-2節，講述各類物象化異的景象，尤其是諸如「公雞生蛋、母雞啼鳴」之類本能顛倒的現象，通過此類「本能顛倒」情景的預設，來推導可能出現的未來，依然是以警世烏托邦的形式達到警醒、勸喻的作用。

六、人象迷亂（命10章1-8節）：人自生變

《兩界書》卷十一「命數」10章1-8節，講述各類「人象迷亂」的景象，包括男女性變、人自生變、食無原食、生息悖序、人為器奴、人無定性、心無神明、基化因變，等等。

此處針砭人類自身的迷亂，十分具有針對性和批判性。如「人為器奴」部分講到，「人為工器造主，又為工器之奴」，「死物擺布活人，活人無覺無策」，使人聯想到飛速發展的人工智能，大有一發而不可收拾的擔憂。

再如「心無神明」部分講到：「心饑無食糧，魂游無居所。邪說疊起，惡魔主心。拜死石朽木為神，崇歪腔邪調癡迷。心慌慌空身似皮囊，亂尋主自欺欺世人。」對於當下社會信仰缺失、心靈空虛的情狀，無疑是有強烈的針砭警示意義的。

七、時空不維（命11章1-2節）：時燈急燃，遠空急聚

《兩界書》卷十一「命數」11章1-2節，講述時間和空間的變異問題。此處將時間、空間視作一種「能」，「能」總有消耗殆盡的一天。此處回應到了「世界創立」的原始起點，即世界成立的兩個基本維度—時間與空間的問題，假設時空不維，則「萬有歸無，無蘊萬有」。

二、凡人問道：六合花開有七彩
（《兩界書》卷十二 問道）

【導讀】

在世界和人類的源頭在哪裡這個本原性的問題尚未厘清的時候，人類已經走過了「六千年文明史」。

人類一路走來，形成了形形色色的族群和文化，歷史上既製造了無數慘烈的人間悲劇，也創造了無與倫比的輝煌和奇蹟。歷史的腳步來到今天，科學技術的超常規發展，不同思想文化和價值觀念的激烈碰撞與衝突，剎那間又把人類帶到了一個重要的歷史關口，一個關鍵的十字路口。

人類何去何從？是渾渾噩噩地放任隨流，還是自警自省而有所作為？是修睦向善，還是一如既往地搏爭惡鬥直至世毀人亡？

亙古以降，先哲聖賢們無不殫精竭慮，上下求索而探路問道，而到了今天，人類面臨的挑戰確是到了空前緊迫和嚴峻的處境。

《兩界書》卷十二《問道》是帶有總結意義的篇章。

如果說《創世》《造人》《生死》《分族》四篇是在探討「從哪裡來」的「本來」問題，《立教》《爭戰》《承續》《盟約》《工事》《教化》六篇是在討論「來幹什麼」的「往

來」問題,那麼《命數》和《問道》則是對「往哪裡去」的
「未來」問題作出探究,其中《命數》旨在昭示兩種不同的趨
向和可能,而《問道》則重在探討人類文明和合發展的整體圖
景和模型,並試圖揭示其內在的道德內涵、哲學基礎和精神文
化基石。

　　因此,《問道》塑造了六位先賢(先知),分別表徵人類
文明史上有代表性的思想學說;構築了一個「六先論道」的綜
觀平臺,針對人生的意義、生命的價值、善與惡等本原問題,
力圖融合各家之說,貫通各派之言,融匯昇華,整體性回應人
類向何處去、如何去的困惑,冀解人類的終極之問。

【文選】

天道山

【山高入雲】

群地之中，地池之央，有山聳立，山高入雲。山上有道，可至上天，稱曰天道山。山高處乃超凡之境，為悟道先師所在。

【四面環水】

天道山四面環水，水闊萬頃，浩瀚無際，人稱地池。地池環山而抱，由外及內水色漸深，由清而藍而墨。近山處水深萬丈不可探底，傳言遠達千里，通連四海。

水中有堤橋，沒於水下兩尺，連接圍陸與道山之間。堤橋九曲十八彎，闊處十數丈，窄處僅尺餘，為進山惟一行道。

堤橋肉眼不見，心誠者心目開，可透視堤橋涉水入山。心妄者堤橋不見，必墜深淵。淵處有食人娃魚，口大如井，齒利似刀，墜水者為其吞噬，無人可以生還。

【山高路險】

山上古樹參天，臨崖而立，止一山道可通山頂。道口兩旁雕有山石紋圖，其意難辨，日月同輝之際，可顯文傳道統，津濟眾生之意。

　　環山而上，有曰九環，有曰十八環，因無人至頂，未可盡知。及至八環，有坪台臨崖，下可俯視地池，上可仰觀天象，人稱承天臺。

　　臺上築大舍，亦方亦圓，通靈得道諸先在此辯經論道。天下尋道之士，涉千山萬水來此問道，故亦稱問道台。然因山道陡峭峻險，有心無力者難以攀行，有力無心者難得途徑，故非有心有力者不可至達。

（問1章1-3節）

（天道山高路險）

六先論道

【六先居台】

有道先、約先、仁先、法先、空先、異先，六先居台論道。

六先上承雅、函、希、布、耶、微、撒諸族本元靈道，幽通族神族帝，可悟神諭天道。下載諸族千年文明化變，近察世事，遠瞻前路。故為世人尊奉為先。

六先論道千年，道統有別，異中有同，並不致合。

（六先論道）

【問者熙攘】

四海之內生途之上，多有凡間尋道之士來此問道。雖山高路險，九曲十彎，然求問者不絕，熙熙攘攘，蜿蜒於半山道途。

（問2章）

生而為何

【元德本惑】

元德年逾半百，跋涉千里，候等百日，險過堤橋，終登問道台。

元德問曰：

> 吾自娘胎出生，不覺生逾半百。自打知事起，少時隨父母，朝起晚息，伴爹娘勞作。中年養子女，料侍老人，亦耕亦織。
>
> 眼見前人如冬草枯乾，逝而不返。眼見自己似秋木落葉，一天衰過一天。往事恍如昨日，來事匆如閃電。一生勞碌，苦樂作伴。曾經力大無比，磐石可搬。曾經不知乏累，晝夜不眠。一切彷如浮雲，終將煙消雲散。

元德思而不解，身如過蟲，為何而生，生而為何？

元德求問諸先，祈解心中本惑。

【依約而生】

約先曰：

天帝造萬物，人為其一。芸芸眾生，各為其一。天
帝所造，皆有天約。依約而生，各得其所，適所而在，
即為天帝本約，亦為人之本義。

【仁為人所在】

仁先曰：

蛛有織網，人皆不孤。上有父母，下有子女，上須
盡孝道，下須嗣後人，春去秋來，亙古未變。

人之所生，當別於畜牲。畜牲獨覓食，人當共用
之。眾為人所依，群為人所托，仁為人所在。己悅者及
人之悅，己惡者及人之惡。臨崖者警之扶之，臨火者惕
之護之。此即生之本義。

【生而依理】

法先曰：

昔有解廌，可明是非，可辨曲直，故生而依理，行

而依據。人有靈道，尤須明是非，辨曲直，依理據。如是方可眾而有序，群而有倫，不致利欲所驅，不行禽獸之為。

【無即本生】

空先曰：

世上本無元德，亦無元德父，無元德父父與上父。元德臨世，實為偶之又偶，如雨點落地，不由自主，如枯葉飄海，不主沉浮。

（解魘圖）

　　人生在世，匆如來風，死如枯芥。本從黑暗來，復歸黑暗去。生程乃死途，死途通再生。生為死之始，死為生之啟。本無歸於無，無即本生。

【異則為本】

　　異先曰：

　　元德之問，本無須問。

　　風從何處來？不得而知。雨點有幾多？不得而知。山火有幾重？不得而知。雷電何時起？不得而知。元德何時生？不由自己。元德何時死？不由自己。元德前生為何？不由自己。元德死後為何？亦不由自己。

　　世上各族，道統不一，有崇黑棄白，有崇紅棄綠。有朝南聖拜，有朝北祈福。有尊日為神，有拜月為聖。皆為空妄矣。

　　人總以己心，測度天地萬物。人總以己心，測度諸族異人。人總以己心，測度芸芸眾生。人總以己心，測度生死本義。實乃愚妄矣。

　　世上無物有恆，恆皆為表，異則為本。異以恆表，恆以異宗。

　　萬事不可斷定，人生不得終解。以恆尺測度流水，流水有漲有落，有緩有急。以恆念測度人心，人心有善

189

有惡，有明有暗。

　　元德躊躇不解之問，執迷無解之思，終不得其解，所得者煩苦。

【元德再問】

　　元德曰：

　　　　諸先所言皆為有理，然元德之問不由自主。

　　　　吾嘗渴慕成鳥，翔飛林間，上下雀躍。吾嘗渴慕成魚，潛游水中，無影無蹤。吾嘗渴慕成豕，饑時覓食，飽後昏睡。吾嘗渴慕成煙，輕漫升騰，隨風飄散。吾嘗渴慕成雲，懸空漂浮，不苦心智。然百般思盼，終皆不逞！

【依道而生】

　　道先曰：

　　　　元德所言差矣。

　　　　人之為人，豈能成蟲鳥，豈能成豕犬，豈能成煙雲？人害羞知恥，可辨善惡。人以群居，親情難舍，倫理有序。人感天知地，敬畏天神，克己自省，趨致文明。人之為人，異於草木，別於蟲獸，甚不同於隨風浮雲。

日有升落，月有明暗，上有天穹，下有大地。人居其間，既為萬物靈長，亦為時空所制，惟天地靈道，運行無間。

人之所生，肉身似禾苗，春發夏長秋實冬亡。心魂似幽靈，以身為居舍，晝夜附體，驅之不去，遊思不息。蓋因道之所引，方使身心合一，靈有所依。大千世界，芸芸眾生，方能沌中有清，混中有序。人依天道而生，皆為天命使然。元德之問，有解無解，自有參悟。

元德細問約先、仁先、法先、空先、異先、道先所語，謹記於心，似解非解，下山歸返。

（問3章1-8節）

何為人

【行子問人】

行子年逾花甲，善百工諸事，曾周遊列國。尤善訪古尋道，觀象辨思，足跡遍及天下。六十又三之年登臨問道山，問道於諸先。

行子曰：

行子年逾花甲，經萬工之曆，遊天下列國。上至皇族顯貴，下至百姓庶民，白黑黃褐各色人等，閱人無

數。親朋友人遍及天下，宿敵仇者為數不少。

人皆有鼻有眼有口有耳，然善者甚善，惡者甚惡，竟為何故？尤令行子不解者，善惡無恆，前後有變，臉面識而心相陌，翻手雲而覆手雨。

子自以無事不曉，無理不通，五穀雜糧閉目可辨，豺豹虎貉聞聲可識，陰晴雨雪舉目可測，然卻不知人為何物？

芸芸眾生，何以友善慈悲者有之，豺豹兇惡者亦有之？何以靈德高尚者有之，豬犬不如者亦有之？

馬驢易識，豺豹易辨，然究竟何為人？

【人為天帝之子】

約先曰：

人為天帝所造，故為天帝之子。人可識天帝，禽畜走獸豈可識天帝？魚蟲草木豈可識天帝？

天帝與人有約，孜孜眷顧於人，循循啟導於人。人得天眷天啟，走正道，行善舉，進天國。天帝何曾與禽畜走獸訂約？何曾眷顧魚蟲草木？

【仁者為人】

仁先曰：

（約先圖）

　　仁者為人。

　　仁者心有他人，非止己人。己愛及人之愛，己惡及人之惡。人知倫理，能辨善惡，可識美醜。故人有自省，可克己制欲。牛馬豬犬隨欲吞食，豈顧旁者？牛馬豬犬隨欲而為，豈顧羞恥？

【人循法知理】

法先曰：

人循法知理，互有通則。

國有法，族有規，上下尊卑，左右第次，延演有序，排置有列，以致由小及大，由弱積強，由蒙至明，由蠻至文。人之異於禽獸，在於人循法遵理。

【行子續問】

行子續問曰：

子嘗所見，敬天帝者有之，孝父母善他人者有之，恪族規守法理者有之。

然子亦常見，悖天帝者有之，惡他人者有之，逆法理違族規者有之。其人五官俱全，穿衣戴冠，食人食，話人話，其非人乎？

【行走雀躍　煙雲一場】

空先曰：

人為活物，食糧亦食肉。禽獸為活物，食肉亦食

糧。食相近，性相同，生死輪轉，各有所現。普羅眾
生，飛禽走獸，行走雀躍，煙雲一場。行子所見，非他
物，是為人。

【人之為人　在其性變】

異先曰：

人之為人，在其性變。

其性不一，陰陽雜合。善惡相融，欲制相交。序而
無則，定而無常。恆為世表，異為人本。

【人之為人　由惡化善】

道先曰：

諸先所言，是中有非，非中有是，各有所是，皆有
所偏。

人之為人，在其性本善惡而由惡化善，欲制交合而
抑欲從制。

人本之初，善惡固存，混而為一，如天地互應，似
晝夜交替。無天則無地，無晝則無夜，無惡則無善，
無欲則無制。故無惡善無欲制則無人，此為人本，或曰
本人。

行子不見，種子不發芽，不為種子。種子落地發芽，生長成株，及後開花結果。人初為本人，固存善惡，及後成長，似種子發芽成長開花。人幼時無智無羞，雖赤裸而不知恥。及後長成，始知理明義，以物遮羞，以紋呈美，由本而文，道引使然，教化使然。

人知羞向美，故遮醜顯美。人知惡向善，故抑惡揚善。人自本人，惡善相搏，欲制兩爭，因天道所引，教化所驅，始由本人漸為義人。本人為初階，義人為高階，兩階各有兩界，階界融動即為人。異先嘗言，異為人本，亦為世宗，言其異變不定，誠哉斯言。本先以為，異中可為，順天行道，要在人為。

行子聽罷，沉思良久，若有所悟，下山歸返。

（問4章1-8節）

何為人主

【六說不悖　皆有其悟】

道先續曰，諸先所言，與道先不悖。本先蓋之曰：

以道為統，無統不一，無一何生萬物。

以約為信，無信不通，無通何生和合。

以仁為善，無善不愛，無愛何生家邦。

以法為制，無制不理，無理何生倫序。

以空為有，無有不在，無在何生世界。

以異為變，無變不化，無化何生久遠。

　　道先轉視維義、維戌，囑曰諸先所言，皆有其悟。六說之統，合有妙用：

　　六合正一，道通天下。

　　六合而可正，合正而為一，正一而容六，一六而貫通，道歸合正。

【合正道至簡　生當悟大道】

　　合正道至簡，生當悟大道。大道在己身，群獨須躬行。天道立心，人道安身。

　　蓋曰六言，可作銘記：

　　敬天帝。

　　孝父母。

　　善他人。

　　守自己。

　　淡得失。

　　行道義。

【至本者敬天帝】

道先復言：

六說六言，至本者為敬天帝。

敬天帝即敬天地。人生天地之間，舉頭三尺有神明，離地半寸無根立。天意在上難違，地氣在下不絕。心無敬畏，膽大妄為。人自為主，終將自毀。人享天帝之眷，憑天地立身，得天道指引。故天道自然為人主，高天大地為父母。

【至要者行道義】

六說六言，至要者為行道義。

行道義即行天道盡人義，順天行道，為人正義。善惡必明辨，從善如流，嫉惡如仇。生死當不迷，生之坦然，死之如歸。悟行須合一，修在當下，皆為道場。

道先曰畢，賜合正道符於維義、維戉，並授六合花種，囑其善播善種。維義、維戉手執合正道符，懷揣六合花種，心悟道、約、仁、法、空、異六先合說，謹記敬、孝、善、守、淡、行六言，攜手而歸。

（問7章19-22節）

（合正道符）

六合花開

【維戊荒廢而棄】

　　維義、維戊返歸鄉里，六合花種各分其半，山坡河畔四處遍播。然天旱地瘠，風雨不順，所播花種多難生髮，生髮者多難長成。偶有長成之株，或為雜薰侵擠，或為野荊掩壓，實難開花。

　　維戊耐性盡失，荒廢而棄。

【維義耕耘不輟】

維義耕耘不輟，持之有恆。年近花甲之際，維義所種六合之花遍野盡開，香滿山間。

【六合花開有七彩】

六合之花花開六瓣，每瓣一色，分呈赤、橙、黃、綠、青、藍六色。花心居中，獨顯紫色。一花怒放，七彩鬥豔。細觀之下，七彩合混，實難斷分。有謂：

六合花開有七彩，輝天映地顯世界。

六合花開滿地，天光普照山川。

維義得天諭：六合之花，實為心花。心花種在心上，生在身上，開在行上，果在人間。

（六合花）

【心花遍播】

維義化用六說六言，遍播六合心花。後留有維義六悟，
稱曰：

道統大千，道可受而不可悖。
約信萬民，約可守而不可違。
仁修自身，仁可固而不可懈。
法制眾生，法可循而不可逆。
空得世界，空可悟而不可棄。
異變久遠，異可適而不可滯。

維義心得靈道，以身踐行，一生坦然，稱曰啼哭而來，笑
著離去。後人多以維義為範，有謂：

六說六言合正道，
兩足兩界走一生。

（問8章1-4節）

【解讀】

一、天道山（問1章1-3節）：山高路險

《兩界書》卷十二「問道」1章1-3節，敘述有山名天道山，山高路險，上有問道台，天下尋道之士來此問道。

二、六先論道（問2章1-2節）：異中有同

《兩界書》卷十二「問道」2章1-2節，講述有道先、約先、仁先、法先、空先、異先六位先知在此論道，六位先知分屬不同道統，所言「六說」大致涵蓋了人類認知世界的主要思想和學說，但又不宜將「六先」與既有學說思想作簡單的對應：

「道」：天道、大道、logos，等等，多種學說均把至高規則視為「道」；

「約」：以「契約」思想為核心，希伯來－猶太和基督教文化為代表；

「仁」：以「仁愛」思想為核心，儒家文化為代表；

「法」：以「法制」思想為核心，為人類文明重要成果和精神理念；

「空」：以「空無」思想為核心，佛學禪宗為代表；

「異」：甲骨文🪬，戴著面具的人，變異之人，「異」與以往常見各說頗為不同，通「易」而不同於「易」（《周

易》），「異」說強調「化」與「變」。

此處「六先論道」，力圖彰明不同學說之間同中有異、異中有同，各說交融互補、相互參照，才可避免盲人摸象之虞，才可得綜觀辨證之效，以達趨同求是之和合。

三、生而為何（問3章1-8節）：追問人生意義

《兩界書》卷十二「問道」3章1-8節，講述年過半百的元德登臨問道台，向諸位先知叩問「生而為何？」，也就是人生的意義在哪裡的問題。

約先從其「契約觀」出發，認為「天帝所造，皆有天約，」人依約而生，就是人生的意義了。

仁先則從其「仁愛」思想出發，認為「眾為人所依，群為人所托，仁為人所在。」「仁」是人生的意義所在。

法先則從法理思想出發，認為人須「明是非，辨曲直，依理據。」

空先從其佛禪思想出發，認為「人生在世，匆如來風，死如枯芥」，「本無歸於無，無即本生。」

異先則是一種典型的懷疑主義思想，與其他諸先均有不同，認為「世上無物有恆，恆皆為表，異則為本」。

道先的思想帶有一定的概括性，比較全面地論說了人之為人的根本特徵，認為人為萬物靈長，須身心合一，依天道而生。

諸先論說的角度不同，其結論自然不盡相同，甚至相去甚

遠。不同思想的綜觀碰撞，正是此處所要達致的目的。

四、何為人（問4章1-8節）：人的定義

「何為人？」──這似乎從來都不是一個問題，但對年過花甲的行子而言，卻是困擾他並讓他不能自拔的一個大問題，所以他向諸先發出了「馬驢易識，豺豹易辨，然究竟何為人？」的問題。

《兩界書》卷十二「問道」4章1-8節，講述了諸先對行子所問的解答。

約先認為「天帝與人有約」，「人得天眷天啟，走正道，行善舉，進天國」。

仁先則認為「仁者為人」。

法先認為：人循法知理，「人之異於禽獸，在於人循法遵理。」

空先認為：人為活物，與禽獸「食相近，性相同，生死輪回，各有所現。」

異先則認為：「人之為人，在其性變。」

道先認為，諸先所言「是中有非，非中有是，各有所是，各有所偏。」道先給人的定義是：「人之為人，在其性本善惡而由惡化善，欲制交合而抑欲從制。」

道先並未簡單地對人性作出善與惡的兩分判斷，而是從動態的變化中，辨證地指出人之為人是一個「由惡化善」的「人

化」過程，這不僅克服了其他諸先的偏頗，而且對人的本質規定性、社會性和過程性特徵作出了全面的判斷。

五、何為人主（問7章1-18節）：人豈能無主？

「樹有根，水有源，人豈能無主？」—圍繞「何為人主？」這個重大問題，在《兩界書》卷十二「問道」7章的1-18節中，約先提出「天帝為人主」，仁先認為「仁善為萬民心主」，法先則認為「法為萬民之主」，空先認為「人有悟覺即得心主」，異先則認為「己主在己，異為人主」。

道先認為：「人心無主，何立世界」。但他並未簡單為「人主」下定義，而是對各家之說進行了系統地概括和歸納。

《兩界書》卷十二「問道」7章19-22節，詳細記載了道先對諸說的分析與辨證整合，從而得出「六說不悖，皆有其悟」的結論：

> 以道為統，無統不一，無一何生萬物。
>
> 以約為信，無信不通，無通何生和合。
>
> 以仁為善，無善不愛，無愛何生家邦。
>
> 以法為制，無制不理，無理何生倫序。
>
> 以空為有，無有不在，無在何生世界。
>
> 以異為變，無變不化，無化何生久遠。

　　並在此基礎上，歸納出「天道立心，人道安身」的「六言」精義：

　　　　敬天帝。

　　　　孝父母。

　　　　善他人。

　　　　守自己。

　　　　淡得失。

　　　　行道義。

　　上述「六言」可以說是對六先思想的高度融合和概括，體現了歷史上各類思想學說的核心要義。

六、六合花開（問道8章1-4節）：開在心上，果在人間

　　《兩界書》卷十二「問道」8章1-4節，講述維義、維戊倆兄弟獲道先所授六合花種，返鄉播種的故事。維戊耐心全無，荒廢而棄；維義歷經艱辛，耕耘不輟，所種六合花種遍野盡開，香滿山間。

　　故事顯然是一個寓言。維義領悟到，所謂六合之花，實為心花：「心花種在心上，生在身上，開在行上，果在人間」。

　　維義化用六說六言，留給後人「維義六悟」，可謂綜各家之說，悟天地大道，開人類精神之新化境。

結語　本來未去　未來已來

本來未去，惟有敬畏

人類走過的歷史，既漫長又短暫。

漫長者，是因為迄今為止還難以斷定人類的祖先究竟起源於何時何地，還難以斷定我們生活的這個世界究竟如何起源。

短暫者，是因為逝去的都是昨天，在蒼茫浩瀚的宇宙長河中，逝去的一切只是昨天，連著今天。

人類又彷彿是被偶然地拋到了這個世界上——不知道什麼原因，不知道何時何地，更不知道是什麼力量做了這樣一件事情！

但可以知道的是，各類族群，各類人等，一代代、一茬茬地生出，死去，然後再生出，再死去——在這個過程中，人類共同演繹了一幕幕精彩、慘烈的人間悲喜劇。

應該說，每一個能來到這個世界上走一走的人都是幸運的，因為每個人的生命都是那樣的偶然，並且不可重複。

現時連著本來。本來未去，人類惟有敬畏。

未來已來，如何前行？

人類六千年文明史，並非一直是勻速前行，而是以加速的衝力、幾何等級的倍速向前發展的。尤其到了今天，其變化之快可以說一日長過百年，一年勝過千年。

當人們還在預測、憧憬未來的時候，卻猛然間發現：未來已來，來得讓人措手不及。

族群紛爭、文明衝突、氣候變化、環境污染、數位技術、人工智能、基因工程、生命科學、家庭關係、倫理道德、暗物質暗能量，等等，一覺醒來，不知道就會有什麼樣的新情況撲面而來。

站在這樣一個重要的歷史節點，人類惟有從過往的歷史進程中汲取全人類的智慧，以世界眼光、人類情懷、歷史擔當，以命運共同體的姿態攜手前行，才能應對未來的挑戰，擁抱未來的機遇。

根植華夏、和合萬邦，文明互鑒、道通天下──亙古彌新的中國智慧和人類文明，應能為困頓中的人類和世界的前行發展作出歷史性的貢獻。

有道曰：

行走兩界，心覺三來；本來未去，未來已來；有界無界，皆為往來。

附錄一 兩界慧語

說明

大千世界，芸芸眾生，無不行走在兩界之間：天界地界，時界空界；陰界陽界，明界暗界；物界意界，實界虛界；生界死界，靈界肉界；喜界悲界，善界惡界；神界凡界，本界異界。

《兩界慧語》直面人類生存困頓，融匯儒、道、釋、希伯來、希臘等文化哲學精髓，貫通人性、天性、神性、佛性、理性、魔性與自然，登文明高山，采兩界薪火，點凡人心燈，築靈魂居所，為人呈現行走兩界的生命智慧。

《兩界慧語》多為格言警句，摘編自《兩界書》。

一、行在兩界

1. 世有兩界：天界地界，時界空界；陽界陰界，明界暗界；物界意界，實界虛界；生界死界，靈界肉界；喜界悲界，善界惡界；神界凡界，本界異界。（《兩界書》引言）

2. 兩界疊疊，依稀對應。（《兩界書》引言）

3. 有界無界，化異輔成。（《兩界書》引言）

4. 芸芸眾生，魑魅魍魎。（《兩界書》引言）

5. 往來遊走，晝夜未停。（《兩界書》引言）

二、天地為骨肉，晝夜為氣血

1. 天地空維，構世界之廣大。（創4：1）

2. 晝夜時維，構世界之深遠。（創4：1）

3. 時空交轉，世界成立。（創3：1）

4. 天地為骨肉，晝夜為氣血。（創4：1）

5. 骨肉氣血相依相存，世界而有生息，成大千生息世界。（創4：1）

三、男人與女人

1. 男人女人互為骨肉，互補氣血。（造3：2）
2. 氣通血合者，互視如己，可一見傾心，如膠似漆。（造3：2）
3. 氣血不合者，會排斥爭鬥，縱體合而心難合。（造3：2）
4. 氣通血合者，亦為分而復合，故難至一體如初。（造3：2）

四、人皆有命，各自修為

1. 人皆有命，命皆有數，命數不一，各自修為。（生3：1）
2. 人皆有生，生皆有死，生死有序，命有定數。（生3：1）
3. 一人一命數，一人一性情，一人一命格。（生3：2）
4. 人生在世，匆如來風，死如枯芥。（問3：5）
5. 本從黑暗來，復歸黑暗去。（問3：5）
6. 生程乃死途，死途通再生。（問3：5）
7. 生為死之始，死為生之啟。（問3：5）
8. 生彌珍貴，生當樂生。（生3：4）

五、各自立族，分處生息

1. 各族靠山食山，依水食水。（分1：2）

2. 食山者須養山，食水者須養水。（分1：2）

3. 不可盡食貪食，方能長食足食。（分1：2）

4. 山水總相依，有者可互通。（分1：2）

六、語因族異，道統不一

1. 語因族異，言因人別。（分9：2）

2. 言語發於心，聲於口，書於符，達於人。（分9：2）

3. 各族習性漸分，族統漸變。（爭11）

4. 世上各族，道統不一。（問3：6）

5. 有崇黑棄白，有崇紅棄綠。（問3：6）

6. 有朝南聖拜，有朝北祈福。（問3：6）

7. 有尊日為神，有拜月為聖。（問3：6）

七、立心制魔，揚善驅惡

1. 以教立心制魔，以道揚善驅惡。（立17）

2. 該你所得可得，非你所得勿得。（立6：1）

3. 人當有福共用，有難共當。（立18：4）

4. 該獲者當獲，非己者莫取。（立18：4）

5. 教中有教，分中有合。（立18：4）

6. 教分萬流，終歸一道。（立18：4）

7. 合而為正，道通天下。（立18：4）

八、坐山望水，擁水望山

1. 分族以降，族族相爭，未有停息。（爭11）

2. 立教以來，教派相對，未有消滅。（爭11）

3. 眾人居山不食山，依水不食水，而盡坐山望水，擁水望山。
（爭11）

4. 天下眾生，自大為源，心爭為根，物爭為本，捨命求多。
（爭11）

5. 人之生途，族之道統，迢遙曲折，此起彼伏。（爭11）

九、身有高矮，心有分殊

1. 身有高矮，眾人絕不均等。（承13：4）

2. 心有分殊，兩人不可概言。（承13：4）

3. 人心各異，性情多變，義欲交集，何可言均。（承13：4）

4. 均享者無不心同，均力者無不心異。（承13：4）

5. 均享者，多多益善，少少不願。（承13：4）

6. 均力者，少少益善，多多不願。（承13：4）

7. 凡人不聖，人皆此心。（承13：4）

十、國以民為本，民以食為根，同以道為天

1. 民、國一體，國之可興。（教9：8）

2. 民、國兩分，國之必亡。（教9：8）

3. 治國化民，必以國、民相適相合為要。（教9：8）

4. 國、民相適相合，必以治國制式、化民心性為要。（教9：8）

5. 國制、民心相適相合，則天道、人道可適可合，此乃治國化
   民之至要。（教9：8）

6. 國以民為本，民以食為根，同以道為天。（教7：7）

7. 治國理世化民，道不明則心不亮，心不亮則路不暢。
   （教9：4）

8. 天人合道，地久人長。（承14：1）

十一、王與庶民，有異而大同

1. 王與庶民，有異而大同。（教7：3）

2. 異者，王為民之首。（教7：3）

3. 大同者，王與民共生。（教7：3）

4. 上君若無節，下民則無制。（教7：3）

5. 王與民立乎同地，蓋乎同天。（教7：3）

6. 無地之撐，豈不懸空隨飄？（教7：3）

7. 無天之蓋，豈不暴頂成焦？（教7：3）

十二、順勢隨流，源遠流長

1. 立心如山，行道似水，族人必將光大昌盛。（承14：3）
2. 順勢隨流，必將源遠流長。（承14：3）
3. 高水向低，謂之順勢。（承14：3）
4. 東南西北，謂之隨流。（承14：3）
5. 依勢依力依風雨，順勢而隨，其自為然也。（承14：3）
6. 人合天道，地久天長。（承13：4）

十三、人之初，性本合

1. 人之初，性本合。（教1：2）
2. 惡有善，善有惡。（教1：2）
3. 善惡共，生亦克。（教1：2）
4. 心向善，靈之道。（教1：2）
5. 身向惡，軀使然。（教1：2）
6. 身心合，順天道。（教1：2）

十四、識面易，識心難

1. 人有雙面，蓋因內有雙心。（教化2：1）

2. 一心向善，一心向惡。（教2：1）

3. 善面易呈，秉性難改。（教2：5）

4. 時面由心生，由相知心。（教2：5）

5. 時飾面隱心，善惡不辨。（教2：5）

6. 識面易，識心難。（教2：5）

7. 一時識心易，恆久識心難。（教2：5）

十五、人言無信，類同犬吠

1. 人言無信，類同犬吠。（教7：6）

2. 犬吠噪噪，聽之罔罔。（教7：6）

3. 人言鑿鑿，言而無信，豈不與犬吠無異？（教7：6）

4. 人言犬吠無異，豈不人犬無異？（教7：6）

5. 言為心聲，言無信蓋因心無誠。（教7：6）

6. 言由心出，行由心動。（教7：6）

7. 心若無道，則言無信誠，行無正途。（教7：6）

8. 言無信誠，行無正途，則王道必覆，天道必出。（教7：6）

十六、約為心橋，有約則通

1. 人非個人，以約為通。（教9：5）
2. 人無約識，則物易無衡尺，心交無路橋。（教9：5）
3. 約為心橋，有約則通，守約則信，有信則立。（教9：5）
4. 通則守約，信誠以待。（教6：5）
5. 欺者重罰，違者重賠。（盟5：5）
6. 少者缺一補十，騙者假一補百。（盟5：5）
7. 有福當共用，有難須同當。（承13：4）
8. 不可獨食糧穀，不可獨吞果蔬。（承13：4）
9. 金銀無言語，眾人拜為主。（盟6：5）
10. 以金為父，以銀為母。（盟6：3）
11. 逐之無度，致人迷途，父不父，母不母，人性盡無。

    （盟6：5）
12. 舍金取義，心向仁義，與道為約，死可閉目。（盟6：5）
13. 心目觀道，人行正道。（教5：4）

十七、以仁為和，以法為制

1. 人須愛人，以仁為和。（教9：6）
2. 修德樹仁，苦亦為樂。（命13：3）

3. 以己心及人之心，以己欲及人之欲，即為仁，人可和。

   （教9：6）

4. 惟己心而罔人心，惟己欲而罔人欲，人則妄為，縱欲逐利，
   失和而爭。（教9：6）

5. 道不離器，仁不離制。（教9：7）

6. 經國化民，以法為制。（教9：7）

7. 首自製而他制，先官制而民制。（教9：7）

8. 法制利國，厚利庶民，薄利官宦。（教9：7）

9. 族無法不立，國無法不治，人無法不正。（問7：8）

十八、萬物有對，相輔相承

1. 水清無魚，水混死魚。（教11：3）

2. 水以土界，土以火生。（教11：3）

3. 火以水界，水以金生。（教11：3）

4. 金以火界，火以木生。（教11：3）

5. 木以金界，金以土生。（教11：3）

6. 萬物有對，相輔相承。（教11：3）

7. 生中有克，克中有生。（教11：3）

8. 本化相轉，恆異互變。（教11：3）

9. 本中有化，化中有本。（教11：3）

10. 恆中有異，異中有恆。（教11：3）

十九、命如懸燈，有油則亮

1. 命如懸燈，亦息亦亮；有油則亮，油竭則息。（命3：3）

2. 燈油有度，亮息有時，費心耗神，豈不枉費命燈之油？
（命3：3）

3. 燈亮不在大，溫固而彌久。（命3：3）

4. 既防燥亮之虛旺，亦防驟風而摧滅。（命3：3）

5. 命油之源首在父母，故人須孝敬父母。（命3：4）

6. 命油之源次在靈修，蓋因命之所損，無外修身不善，邪毒入
身。（命3：4）

7. 故欲長生延年，務須保全己身。（命3：5）

8. 保全己身，首以保全己心為要。（命3：5）

9. 己心保全，心路暢通。（命3：5）

10. 心路暢通，心燈明亮。（命3：5）

11. 心燈明亮，命燈長久。（命3：5）

二十、邪毒入身有四徑

1. 邪毒入身有四徑，或從口入，或從膚浸，或從心進，或由心
自生。（命3：4）

2. 至烈者當為心毒，心毒無形而有跡，有跡而不視，不視故難

219

禦。（命3：4）

3. 心毒所至變亂理脈，阻滯氣絡，命油不暢而自枯竭。（命3：4）

4. 心毒既可外侵，亦可自生，故須禦外固內。（命3：4）

5. 固內者亦為禦外，禦外者亦助固內，兩相輔成。（命3：4）

二十一、三燈齊映，靈魂不朽

1. 晝有日燈，高天生輝，世界光亮，萬物有生機。（命3：6）

2. 夜有月燈，大地安詳，黑暗不迷，眾生得生息。（命3：6）

3. 人有心燈，靈肉相適，陰陽相宜，天地人相合。（命3：6）

4. 心燈點亮，三燈齊映，與日月同光。（命3：6）

5. 人心有天光，肉身長久，靈魂不朽。（命3：6）

二十二、道行相輔，可添命符

1. 陰陽有界，天地有道。（命4：5）

2. 天人合道，道遠無疆。（命4：5）

3. 天人悖道，天存人亡。（命4：5）

4. 天道在心，化外在身。（命4：5）

5. 修身成道，行以載道。（教4：5）

6. 道行相輔，可添命符。（命4：5）

7. 道行相悖，肉身立腐。（命4：5）

二十三、天道有恆，人無定運

1. 天有天道，人有人運。（命6：7）

2. 天道有恆，人無定運。（命6：7）

3. 命定有數，數不盡數。（命6：7）

4. 數度有變，運跡無痕。（命6：7）

5. 否及泰來，泰久否至。（命6：7）

6. 力合天道，大泰小否。（命6：7）

7. 平衡否泰，不可極盡。（教6：7）

8. 泰順勿可忘形，否泰一線之間。（命6：7）

二十四、天南地北，實為一家

1. 萬族交合，復歸一族。（命15：2）

2. 你中有我，我中有他。（命15：2）

3. 天南地北，實為一家。（命15：2）

4. 普天之下，萬眾同生。（分10：2）

5. 普羅眾生，萬變不離其宗。（問7：7）

6. 大千世界，九九歸一。（問7：5）

7. 天帝甘露均潤眾生，糧草果蔬不偏一族。（分10：2）

8. 有者均天下，無者天下均。（教6：5）

9. 一人獨樂，二人從樂，三人眾樂，萬眾共舞共樂。（命15：2）

二十五、蛛有織網，人皆不孤

1. 蛛有織網，人皆不孤。（問3：3）
2. 上有父母，下有子女，上須盡孝道，下須嗣後人，春去秋來，亘古未變。（問3：3）
3. 人之所生，當別於畜牲。（問3：3）
4. 畜牲獨覓食，人當共用之。（問3：3）
5. 眾為人所依，群為人所托，仁為人所在。（問3：3）
6. 己悅者及人之悅，己惡者及人之惡。（問3：3）
7. 臨崖者警之扶之，臨火者惕之護之。（問3：3）

二十六、仁者為人，可辨善惡

1. 仁者為人。（問4：3）
2. 人害羞知恥，可辨善惡。（問3：8）
3. 人以群居，親情難舍，倫理有序。（問3：8）
4. 仁者心有他人，非止己人。（問4：3）
5. 己愛及人之愛，己惡及人之惡。（問4：3）
6. 人知倫理，能辨善惡，可識美醜。（問4：3）
7. 人有自省，可克己制欲。（問4：3）

二十七、人依理據，可明是非

1. 昔有解廌，可明是非，可辨曲直，故生而依理，行而依據。
   （問3：4）
2. 人有靈道，尤須明是非，辨曲直，依理據。（問3：4）
3. 眾而有序，群而有倫，不致利欲所驅，不行禽獸之為。
   （問3：4）
4. 人循法知理，互有通則。（問4：4）
5. 國有法，族有規，上下尊卑，左右第次，延演有序，排置有
   列，以致由小及大，由弱積強，由蒙至明，由蠻至文。
   （問4：4）
6. 人之異於禽獸，在於人循法遵理。（問4：4）

二十八、異中可為，要在人為

1. 人總以己心，測度天地萬物。（問3：6）
2. 人總以己心，測度諸族異人。（問3：6）
3. 人總以己心，測度芸芸眾生。（問3：6）
4. 人總以己心，測度生死本義。（問3：6）
5. 世上無物有恆，恆皆為表，異則為本。（問3：6）
6. 異以恆表，恆以異宗。（問3：6）

1. 萬事不可斷定，人生不得終解。（問3：6）

2. 以恆尺測度流水，流水有漲有落，有緩有急。（問3：6）

3. 以恆念測度人心，人心有善有惡，有明有暗。（問3：6）

4. 異中可為，順天行道，要在人為。（問4：8）

二十九、人由惡化善，故抑惡揚善

1. 人本之初，善惡固存，混而為一，如天地互應，似晝夜交替。
   （問4：8）

2. 無天則無地，無晝則無夜，無惡則無善，無欲則無制。
   （問4：8）

3. 無惡善無欲制則無人。（問4：8）

4. 人之所在，皆善惡並存，揚善棄惡，雖人心所好，然非人行
   所好。（問5：5）

5. 揚善棄惡，非人人共為，亦非人人共時共為。（問5：5）

6. 人之為人，在其性本善惡而由惡化善，欲制交合而抑欲從制。
   （問4：8）

7. 人知羞向美，故遮醜顯美。（問4：8）

8. 人知惡向善，故抑惡揚善。（問4：8）

三十、君子行道，路有犬吠

1. 君子行道，路有犬吠。（問5：2）
2. 君子多招小人，小人多使陰招。（問5：5）
3. 小人趨利，如蠅叮糞，驅之不離。（問5：5）
4. 君子固義，如犬護主，餓之不棄。（問5：5）
5. 君子尤似風中之松，經摧打而不折，曆雨濯而彌堅。
   （問5：5）

三十一、仁德之道恰如山棘之路

1. 欲為大樹，不與芥爭。（問5：5）
2. 仁德之道恰如山棘之路，多受荊棘亂石之阻，常遇溝壑陡崖
   之滯，甚遭豺狼野獸之擾。（問5：2）
3. 有山即有棘，有善即有惡，山棘相伴，善惡共生。（問5：2）
4. 行善得善乃人之所願，行惡得惡亦人之所願。（問5：2）
5. 然世事難料，善惡搏掙，萬事難如人願。（問5：2）

三十二、心正則目清，目清則視潔，視潔則生善

1. 善惡有報，常顯因果不應。（問5：6）

2. 行善道反得惡果，行惡道反享善果，時而有例，不足為奇。
（問5：2）

3. 尤當善行未得善報，人心愈須守正。（問5：3）

4. 心正則目清，目清則視潔，視潔則生善。（問5：3）

5. 心邪則目汙，目汙則視穢，視穢則生惡。（問5：3）

三十三、人之為人，德行兼備

1. 人之為人，德行兼備。（問5：9）

2. 配位順勢，適時合運。（問5：9）

3. 德不配位，必有災殃。（問5：9）

4. 行不順勢，必有災害。（問5：9）

5. 謀不適時，必有逆違。（問5：9）

6. 事不合運，必有乖蹇。（問5：9）

7. 德行兼備，必有大成。（問5：9）

8. 時運兼備，必成宏圖。（問5：9）

三十四、位勢相適，時運自備，天道必報

1. 德行位勢相配，謀事時運相適。（問5：9）

2. 依天道修德修為，依時運謀事行事。（問5：9）

3. 不為享欲所動，不為惡苦所搖。（問5：9）

4. 位勢相適，時運自備，天道必報。（問5：9）

5. 道傳天下，造福萬民。（問5：10）

三十五、世不離道，道不遠人

1. 大道之行，浩蕩無痕。（問5：8）

2. 天有日月交替陰晴變換，地有山川起伏萬物競生。（問5：8）

3. 世間萬物，不出天地之間。（問5：8）

4. 萬物相效，不出天道之行。（問5：8）

5. 天道人間，大道亙古不變。（問5：8）

6. 人順天道，天行人道。（問5：8）

7. 天道人道相統，天下人間無爭。（問5：9）

8. 天啟而心開，心開而道行，道行而路通。（教9：9）

9. 世不離道，道不遠人。（問5：8）

三十六、善惡相報，報有其時

1. 善惡相報，報有其時。（問5：6）

2. 春月播種，秋時收果。秋時未至，何來所獲？（問5：6）

3. 大千世界，風雨春秋，早收遲收，豐收荒收，實在變中有常，常中有變。（問5：6）

4. 朝有日出，雖有雲遮而不至日沒。（問5：6）

227

5. 夜有月現，雖有缺損而不至月亡。（問5：6）

6. 日月有變，天地有化，然不改亙古之恆。（問5：6）

三十七、前報非終報，終報非前報

1. 物有千態，世有萬變，厚道之人反得惡果，薄道之人反享美果，禍福相依，俗生常態，何足為怪？（問5：8）

2. 世人多有不知，報分前報終報。（問5：6）

3. 前報非終報，終報非前報。（問5：6）

4. 前報先來報果輕，終報遲來報果重。（問5：6）

5. 莫因前報而生疑，善惡必有終報時。（問5：6）

6. 善惡因種，栽於心田，耕於躬行，果於眾生。（問5：6）

7. 因果相報，善惡相應，天地大律不改。（問5：6）

三十八、君子行善，善則遇惡

1. 君子行善，善則遇惡。（問5：8）

2. 以惡報惡，君子不為。（問5：8）

3. 以善報惡，君子所為。（問5：8）

4. 以善報惡，或致惡消善漲，或致惡行不止，甚致惡行暴漲。（問5：8）

5. 上善若水，善利萬物。（問5：8）

6. 大惡若水，泄而不止。（問5：8）

7. 遏惡揚善，君子所為。（問5：8）

8. 抑惡除惡，是為大善。（問5：8）

三十九、從善如流，嫉惡如仇

1. 遏惡性，方可抑惡行，消惡果。（問5：8）

2. 除惡土，方可生善樹，結善果。（問5：8）

3. 惡不遏，善何揚？（問5：8）

4. 嫉惡如仇，天人共遏之。（問5：8）

5. 懷善如親，天人共揚之。（問5：8）

6. 善惡必明辨，從善如流，嫉惡如仇。（問7：22）

四十、今生與來世

1. 人有來生，世有來世。（問6：8）

2. 今生來生，今世來世，恰如昨日今日，今日明日。（問6：9）

3. 今生來生同然，今世來世同然，今界來界同然。（問6：12）

4. 今生來生皆為生，今世來世皆為世。（問6：10）

5. 今來之間，薄似蟬翼，厚比天地。（問6：8）

6. 時空兩維，今來兩世界，有大異而不隔絕，有界限而不斷然。

（問6：12）

四十一、既生現世，即立現世

1. 今生來生，今世來世，今來兩界，俗人止存其一。（問6：8）

2. 既生現世，即立現世。（問6：7）

3. 行善積德，仁義禮孝，盡心意躬力行，來世自來。（問6：7）

4. 來生類如今生，喜怒哀樂俱存。（問6：8）

5. 來世亦如今世，明暗曲直俱在。（問6：8）

6. 今生自有今性情，來世自有來喜悲。（問6：10）

7. 今世自有今世牽，來世自有來世念。（問6：10）

8. 人生現世，當循現世之律。（問6：9）

9. 今生萬象，當為現世之律所左。（問6：9）

10.來生來世，當為來世之律所右。（問6：9）

11.今生來生命數之限，今世來世命理之規，實難逾界驗知。

（問6：9）

四十二、人心無主，何立世界

1. 樹有根，水有源，人豈能無主？（問7：4）

2. 人心無主，何立世界。（問7：12）

3. 腳下有大地，頭上有蒼天，萬千眾生，必有其主，無主則迷
   亂。（問7：2）

4. 身無居所，風吹雨淋，獸畜無異。（問7：12）

5. 心無居所，漫地野遊，亦獸畜無異。（問7：12）

6. 腹饑無食糧，口不擇食，凡物皆吃。（問7：12）

7. 心饑無食糧，魂不附體，惡於猛獸。（問7：12）

8. 世界維心，心維世界。（問7：12）

四十三、仁善為萬眾心主

1. 仁善之心，人皆有之，大小之分。（問7：7）

2. 仁善之情，人皆向之，厚薄之分。（問7：7）

3. 仁善固於人心，化於人際。（問7：7）

4. 無仁善人之不存，世之不序，故仁善為萬眾心主。（問7：7）

5. 心有仁善，挫而不悔，物失而心得，利他而悅己。（問7：7）

6. 人之為人，因其知恥害羞，以仁制欲。（問7：11）

7. 仁以善信為實，欲以利貪為本，皆為人之固有。（問7：11）

8. 大千世界，仁之善信各有所向，欲之利貪各有其徑，仁欲之衡實因人而異。（問7：11）

9. 人為活物，既非頑石，亦非草木，生靈之妙與理世之難，悉在乎此。（問7：11）

四十四、人有悟覺，即得心主

1. 人生苦短，如三月芥草，轉眼枯逝。（問7：9）

2. 天下眾生，不過匆匆過客。（問7：10）

3. 甜苦兩果，誰人不食甜果？（問7：9）

4. 人之為人，多凡夫俗子，自以食色為天。（問7：9）

5. 有崇日月星辰，有崇山海河川，有崇虎豹禽鷹，不過人心所為，心之所寄，實小異而大同。（問7：10）

6. 人有七情六欲，追名逐利拜金，乃本欲所使，實為過眼雲煙。（問7：10）

7. 人圖一時之快，本欲所驅，禽獸般爭奪噬殺，一毫莫讓。（問7：10）

8. 捨命求物，豈不捨本求末？舍他惟己，豈不與世為敵？（問7：10）

9. 人生於無，終歸於無。（問7：10）

10.世界本無，何須究有而復有，多上再多，執迷而不悟？（問7：10）

11.人有悟覺，即得心主。（問7：10）

四十五、人處天地之間，腳立道欲兩界

1. 人在現世，立於道、欲之間。（問7：13）
2. 道者，天之大道，人之靈道。（問7：13）
3. 欲者，人之本欲，食色地欲。（問7：13）
4. 人以道為天，以欲為地，道欲相輔，天地而成。（問7：13）
5. 以靈道為天，以食色為地，天地相輔，男女而成。（問7：13）
6. 天道在上，人依道而行，有倫有序。（問7：13）
7. 地欲在下，人依地而立，雙腳不空。（問7：13）
8. 人處天地之間，腳立道欲兩界。（問7：14）

四十六、無欲則無生，無道不成人

1. 人因道、欲相輔而為普羅眾人，無欲則無生，無道不成人。
   （問7：15）
2. 以道制欲，人別於禽獸而文明。（問7：15）
3. 以道疏欲，制疏相宜，則合人律而通天道。（問7：15）
4. 欲道斷分，人不成人。（問7：15）
5. 欲道相制，合而成人。（問7：15）
6. 道因人、欲相適而行。（問7：16）
7. 道制欲成人，然制非滯也。（問7：16）

8. 故須以道疏欲，致欲適人合道。（問7：16）

9. 古今傳道之大謬，悉在以道滯欲，以致道傳不暢，道不自然，人之拒道。（問6：16）

四十七、天道無疆，人道有痕

1. 欲者，實為身饑也。（問7：17）

2. 人豈可無食而生？豈可飲風而飽？饑渴而食，性之使然。（問7：17）

3. 食而生人，道之使然。（問7：17）

4. 欲者不可絕，無欲亦無人，無人則無道，故欲實為人、道之所依。（問7：17）

5. 無食無色，豈為人乎？（教7：5）

6. 然好食而不貪，喜色而不溺，食色有節，適而有制，即為人道，亦合天稟之道。（教7：5）

7. 天道無疆，人道有痕。（教9：9）

8. 世之三維，維之兩界，動變靜化，相制而合。（問7：18）

四十八、天道蓋頂，超然族群

1. 天下九教十八流，同中有異，異中有同，各有所執，各有所廢。（問7：18）

2. 統合融納，可補短長，可合大道，可適人律。（問7：18）

3. 天下千國萬族，國族有分，天道無別。（問7：18）

4. 國有山河之界，族有道統之別。（問7：18）

5. 天道蓋頂，無分家國，超然族群。（問7：18）

6. 順天合道，家國興隆，族群強盛。（問7：18）

7. 大道在上，族以載道。族有道統，乃大道之統，分族各顯，合族共現。（問7：18）

8. 道族不悖，天道無疆。（問7：18）

四十九、族魂滅，城廓乃軀殼

1. 亡家國者，毀其城廓，滅其政體。（問7：18）

2. 亡文化者，毀其道統，滅其族魂。（問7：18）

3. 族魂在，國亡可再興。（問7：18）

4. 族魂滅，城廓乃軀殼。（問7：18）

五十、天道立心，人道安身

1. 天道人律適合，天長地久人生。（問7：18）

2. 大道在己身，群獨須躬行。（問7：20）

3. 天道立心，人道安身。（問7：20）

五十一、六言慧語

1. 敬天帝。（問7：20）

2. 孝父母。（問7：20）

3. 善他人。（問7：20）

4. 守自己。（問7：20）

5. 淡得失。（問7：20）

6. 行道義。（問7：20）

五十二、六說不悖，皆有其悟

1. 六說不悖，皆有其悟。（問7：19）

2. 六說之統，合有妙用。（問7：19）

3. 以道為統，無統不一，無一何生萬物。（問7：19）

4. 以約為信，無信不通，無通何生和合。（問7：19）

5. 以仁為善，無善不愛，無愛何生家邦。（問7：19）

6. 以法為制，無制不理，無理何生倫序。（問7：19）

7. 以空為有，無有不在，無在何生世界。（問7：19）

8. 以異為變，無變不化，無化何生久遠。（問7：19）

五十三、化用六說六言

1. 道統大千，道可受而不可悖。（問8：4）

2. 約信萬民，約可守而不可違。（問8：4）

3. 仁修自身，仁可固而不可懈。（問8：4）

4. 法制眾生，法可循而不可逆。（問8：4）

5. 空得世界，空可悟而不可棄。（問8：4）

6. 異變久遠，異可適而不可滯。（問8：4）

五十四、天道自然為人主，高天大地為父母

1. 六說六言，至本者為敬天帝。（問7：21）

2. 敬天帝即敬天地。（問7：21）

3. 人生天地之間，舉頭三尺有神明，離地半寸無根立。

　（問7：21）

4. 天意在上難違，地氣在下不絕。（問7：21）

5. 心無敬畏，膽大妄為。（問7：21）

6. 人自為主，終將自毀。（問7：21）

7. 人享天帝之眷，憑天地立身，得天道指引。（問7：21）

8. 天道自然為人主，高天大地為父母。（問7：21）

五十五、順天行道，為人正義

1. 行道義即行天道盡人義。（問7：22）
2. 順天行道，為人正義。（問7：22）
3. 善惡必明辨，從善如流，嫉惡如仇。（問7；22）
4. 生死當不迷，生之坦然，死之如歸。（問7：22）
5. 悟行須合一，修在當下，皆為道場。（問7：22）

五十六、六說六言合正道，兩足兩界走一生

1. 化用六說六言，遍播六合心花。（問8：4）
2. 六說六言合正道，兩足兩界走一生。（問8：4）
3. 心得靈道，以身踐行，一生坦然。（問8：4）
4. 啼哭而來，笑著離去。（問8：4）

五十七、六合花開

1. 六合花開有七彩，輝天映地顯世界。（問8：3）
2. 六合花開滿地，天光普照山川。（問8：3）
3. 六合之花，實為心花。（問8：3）
4. 心花種在心上，生在身上，開在行上，果在人間。（問8：3）

附錄二　眾說《兩界書》

說明

　　《兩界書》面世，學界、書友多有關注，紛以奇書譽之，蓋因該書縱橫跨界，書體無類可歸；或因該書不拘流俗，行文兩界，游思於本來、往來與未來，超出了一般學科養成和思維習慣。

　　不過這倒反而激起了人們的好奇之心。仁者見仁、智者見智，輯錄眾說若干，以便綜觀。

彰顯中華文化精髓　體現中國文化自信
——《兩界書》出版研討會在京舉行

（人民論壇網，2017年9月29日）

　　一部學貫東西、融通古今，彰顯中華文化精髓、體現中國文化自信的力作——《兩界書》，近日由商務印書館出版發行。

　　9月27日下午，中國作協副主席吉狄馬加、中國文聯副主席潘魯生、中國作協原書記處書記田滋茂、商務印書館總經理於殿利、北京大學哲學系教授楊適、北京師範大學資深教授林崇德、中央文史研究館館員陶思炎、中國社會科學院文學研究所原所長陸建德、中國中外文論學會會長高建平、中國藝術研究院研究員鄧福星、日本福岡大學教授海村惟一，以及來自清華大學、南京大學、中央民族大學、香港中文大學、中國教育科學研究院等海內外高校及相關研究機構，在歷史、哲學、文學、美學、民俗學、心理學、教育學乃至醫學界頗有建樹的三十余位專家學者，在商務印書館涵芬樓舉行了該書的研討會。

　　在國家大力倡導傳承中華優秀文化、講好中國故事、構建人類命運共同體、為實現中華民族偉大復興中國夢而努力奮鬥的宏偉背景下，以「傳承文化、架設橋樑、講好故事」為己任的文化力作《兩界書》應運而出，可謂恰逢其時、應世所需。

　　《兩界書》用講故事的方式娓娓道來，從開天闢地、族群分化、家庭倫理、爭戰修睦、百物工事、習俗傳承、道統流變、人性教化等不同方面，講述了百餘個互有聯繫又相對獨立的故事，並配有百餘幅插圖，讓讀者在圖文並茂的閱讀中獲取感悟。這些故事以中國元素為核心，融合了一定的東西方素材，既有出典又推陳出新，採以神話、寓言、傳說、民歌、對話等形式，在呈現濃郁中國特色的同時，兼融了東西方文化的經典要素，使其具有突出的中國風格、世界眼光和元典張力。

　　《兩界書》以人類文明的演進為主線，以中國傳統文化為核心，用文學的手法呈現了不同文明形態的交流對話，歸納出「敬天帝」、「孝父母」、「善他人」、「守自己」、「淡得失」、「行道義」等彰顯中華文化精髓的六大要義。這六要義系統化地蘊涵和傳承了「天人合一」、「道法自然」、「敬孝之道」、「仁者愛人」、「修齊治平」、「知行合一」、「四海一家」等中國優秀傳統文化精粹，從信仰、倫理、社會、個人、實踐等不同層面建構了世界觀、人生觀、價值觀的系列範疇和內涵，在跨文明對話中突破西方中心主義，鮮明地呈現了中國話語體系及其概念範疇，呈現了中國話語的世界表述和普遍意義。

　　書中弘揚的中國文化精神是在與世界其他學說的交流對話、論析辨證中呈現的，並與世界文明的優秀成果息息相通，

可以說《兩界書》講出了中國智慧的世界價值，講出了中華優秀傳統文化的現代意義，講出了人類命運共同體的精神文化紐帶，講出了中國文化和合性、包容性、有容乃大的文化自信。

《兩界書》緊密契合個體的生命體驗，著眼於後工業化時期當代人類的生存困頓，對人與世界、人與自然、人與他人、人與自己的關係，以及人生的意義、生命的價值等問題，進行了理性的辨析，充盈著生命哲理、人文情懷和文化依歸，為現代人尋找有益的精神食糧和靈魂居所。

《兩界書》在敘事理念、內容形式等方面獨樹一幟，它超越歷史、神話、哲學、宗教、文學等傳統的學科範式，呈現了一種獨特的跨界敘事；它的內容宏大奇特、包羅萬象，時空交錯、縱橫無疆；它使用了一種言簡意賅、文白相合的文體表述和文本形態，突顯了漢語言的獨特魅力，展現出一種全新的審美閱讀和認知形式。

研討會現場討論氣氛熱烈，《兩界書》獲專家一致好評。

與會專家紛贊商務印書館出了一本好書、一本大書，多以「奇書」來形容這部鴻篇巨制，認為本書的定位與特質有：

一、傳播中華文化的新經典。吉狄馬加教授認為本書含有中國傳統文化與人文精神的精髓；林崇德先生贊許本書成功闡釋了中華文明，對人的素養以及如何提高素養作了詳盡說明。楊適教授稱本書是面向文化源頭、面向幾大文明交匯的「原創

文化研究」，有益於開闊國人的精神空間。郁龍余教授則認為《兩界書》是「中華民族進入新世紀之後湧現出來的一部充滿文化自信和新哲思的新元典」。

二、對人類命運共同體的文化哲學思考。鄧福星研究員、李鳳亮教授均指出，書中圍繞生死、善惡、人性等問題展開探討，隱含著時代大命題；高建平教授認為，本書對人類共同關心的話題的思考，體現在包容性地展現世界主要文明的傳統，既從世界看中國，又從中國看世界，「講溝通、講理解、講文化的和而不同與見賢思齊」，這是我們中國的文化自信；日本學者海村惟一教授歸納道，「《兩界書》彙集古今文脈，開創新文脈，表述凡人六義，建構人類命運共同體。」

三、突破文明界限的形上智慧。著名哲學家、夏威夷大學終身教授成中英先生在書面發言中認為本書「絕對是一本充滿哲理與智慧的好書」，可謂「世紀傑作」，本書「啟發了10個對人類存在意義、目的及其價值來龍去脈之問」，「開闢了人類心靈的化境」；陶思炎教授認為，本書提出了一種有意義的「界論」，既關照自然的天理、地理、物理，也探索人生的事理、情理和道理，涵蓋了哲學對宇宙規律與人性本源的探討。

四、為靈魂探尋居所的真誠感悟。李熾昌教授認為，本書努力界定「我是誰」、「我在世界上應該做什麼」，這是傳世經典所具備的終極追問；田滋茂先生則感佩作者日復一日、

年復一年地與時空對話，經幾十年的讀書思考，才能有如此功力。郁龍余教授認為該書「是可供各類讀者共有共用的精神家園」。

五、跨界融通的人文關懷。潘魯生教授等認為，本書容量宏大，具有多重解讀、闡釋的可能性，契合傳統學問一以貫之的綜合品格。陸建德教授則指出，本書以互文性的筆法將中西文化要素融入到文本創作之中，是非常值得稱道的，也非常符合中國文化使用新敘述來建構開放性文化這一歷史傳統。

六、深沉而明澈的詩性寫作。本書具備經典的體例、史詩的敘事，如趙憲章教授指出的，語言和修辭煞費苦心，用簡約、對照、有節奏感的方式，借助詩賦的表達，造就了一種耐讀、含義雋永的新文體；成中英教授認為此書「不僅是一本有關民族智慧的哲理書，也是一本一流創新的文學精品。」

在全民閱讀的時代，面臨著大量低俗的速食文化、躁動喧囂的網路文化和魚龍混雜的外來文化的衝擊，可以說《兩界書》為讀書界奉獻了一部蘊涵深厚、清新雅致，具有鮮明中國特色、中國風格、中國氣派的文化事典。

（2017年9月27日在北京商務印書館涵芬樓舉辦《兩界書》出版研討會，《中國文化報》《中華讀書報》、人民論壇網、中國社會科學網、光明網、千龍網等作了相關報導。）

《兩界書》：世紀傑作與天才構思

成中英（美國夏威夷大學終身哲學教授）

《兩界書》這本書絕對是一本好書！絕對是一本充滿哲理、發人深思的好書！是士爾先生的世紀傑作！作者士爾在他考察中西古今歷史、深思人類未來的境遇中，憬悟了天地創生、生死循環、人神鬥智、族群競爭、文明興滅、善惡對決的緣由及其深厚的律則與命運，並由此啟發了10個對人類存在意義、目的及其價值來龍去脈之問，顯示了《兩界書》命名意義之所在，並借由先知聖者的聲音予以簡短的回示。此書雖然大致呈現了古代希伯來民族的歷史，但卻更深刻的彰明了華夏民族的易道儒三家的智慧，亦即通貫陰陽有無、結合天地人神的兩行合一精神，實現在人的繼善成性的生命中。此書不僅是一本有關東西民族智慧的哲理書，也是一本一流創新的文學精品，作者寫作方式的新穎突出與文字構思的精美簡樸都能自成一體，是邃密思考的結晶，讀之引人入勝而不自覺。可說作者以其才華慧思之盛開闢了人類心靈的化境！

從思想價值來說，本書有一個重要的構思，也可以說是啟示：綜合了東西文明的發展史形成了一個含義更為豐富的人類整體發展的圖像，從天地創生，到族群繁衍分化，經過戰爭融

合，生產工具創新與知識發展，倫理教化等重大的文明發展事件，可說人類從原始社會進入到現代世界的整體歷史自覺。這一圖像顯然也帶來了人類發展的美好前景，而此前景的美好更明顯的建築在中國文明與文化所包含的天人合德、萬邦協和、人文教化的實踐模型上面：此一模型正是中國文明的精華與精華所在，體現了儒家親親、仁民、愛物以及與萬物為一體的生命倫理情懷。總論之，本書作者因而體現了三個思想的維度：綜合人類文明史，文明發展的途徑與方式，以及文明發展的道德內涵。三個維度的合一與統一提供了一個人類命運共同體的堅固基石。

2017.9.25.

成中英（**Prof.Chung-Ying Cheng, 1935-**）

美國夏威夷大學終身哲學教授，著名美籍華人學者、世界著名哲學家，「第三代新儒家」代表人物之一，國際中國哲學學會（1974）、國際易經學會（1985）、國際儒學聯合會（1993）年等創立者與首倡者，當代中國管理哲學的開創者，英文《中國哲學季刊》（1973）的創立者和主編，長期致力於在西方世界介紹中國哲學，為中國哲學走向世界做出巨大貢獻。主要著作：《中國哲學與中國文化》、《科學真理與人類價值》、《合外內之道：儒家哲學論》、《中國哲學的現代化與世界化》、《文化、倫理與管理》、《C理論：中國管理哲學》、《中國文化的新定位》、《易學本體論》等。

文明的良醫

——採昨日之本草，成今日之良藥，結明日之善果

五明（香港）

　　兩界書，尋智慧之根，匯文明之大成；解衝突之困，制文明之良藥。可謂自然之太極圖，自在之相對論，兩界之玄妙書，文明之本草綱目。

　　縱覽全書，一百章章章玄明，十二部部部神曲。究創世之緣起，明兩界之由來。探兩界之造化，揭三類之隱秘。觀兩界之輪回，解生死之謎團。析兩界之族群，顯文明之濫觴。囿兩界之禮教，成文化之端倪。現兩界之爭戰，呈福禍之因果。察兩界之承續，知生生之不息。窺兩界之盟約，得合和為邊際。視兩界之工事，啟科技之蒙瞳。覺兩界之教化，悟萬象之有序。推兩界算命運，了常變之玄源。叩先賢而問道，知如去之如來。創文明之醫術，治時代之創傷。

　　兩界書，觸動心靈玄機，觸摸宇宙邊界。所及文明，其小無內，其大無外。合自然之道，讀之入界，用之在界，承之出界。通自在之理，窺入世之大門，明在世之正門，乃出世之玄門。解兩界之難，上界空無，是謂合子之態，下界萬物，是謂分子之態。無中空，空中無，無中生有，有歸於無，是為上下

兩界，中界居間，若此若彼，若有若無，是謂量子之態。上界之難，盡合其間，玄妙解之，上界無難。物呈象，象顯物，物物相克相生，象象相生相剋，生生不息，息息相通。息性靈，靈性空，空性無，無性生。息自不動，萬事皆空，一念一動，造化功成，下界之難，盡分其間，科技解之，下界無難。中界之難，難而無難，無難而難，不解之緣，順其自然，自然無難，兩界無難。

　　兩界書，汲取文明既往，瞻望文明未來，解困文明當代。取文明之同，成文明之和。龍生九子，各有不同，而龍性相同。世多文明，各有不同，而精神歸一，近於道，游於德，代代相傳，連綿不息。《兩界書》匯眾文明之流，廓然其大，追根溯源，探幽索玄，汲其精髓，隨成新典，以為未來根基。

　　以文明之藥，治文明之疾。文明，尤平地起山，陰陽相生，福禍相依。自發延續，時好時疾。自覺發展，逢凶化吉，文明之藥化文明之疾。《兩界書》集文明之醫案，診當世文明之疾病；制文明之藥，治文明之疾；點文明之燈，亮文明之旅。文明旅途，日明夜暗，緣起自然，日出而作，日落而息。緣起文明，起心動念，陰陽相背，晝伏夜現，善惡既出，或時相殘，心霾燈滅，文明黯淡。《兩界書》取三界之光，燃五行之木，點文明之燈，亮文明之旅。築心靈之巢，構建人類命運共同體之文明基石。文明似太極，物質精神為兩儀，一為物質文明，一為精神文明，合和相生，生生相合，人類命運，息息

相關。當今世界，科技觸摸了靈魂，信念波及了時空。新時代，必有新文明。《兩界書》繼文明之經典，融當今之發展，合未來之將來，築心靈之家園，拆文化之藩籬，達人類之共識，實為構建人類命運共同體之文明基礎。

　　古之司馬公，究天人之象，通古今之變，成一家之言；今之士爾者，築心靈之域，合文明之花，分萬象之葉，結兩界之果。

於香港・兩界間

五明
　　中原昆陽人，常觀時空之象，時悟非時空之道，研有、實、變，究無、空、常。

現在已經沒有人這樣寫作了

蔡東（作家）

讀士爾先生《兩界書》的過程中，不斷地愣住、出神，恍恍惚惚中看到眾多先賢的面影，也不住地感慨：這個把寫作說成碼字兒的時代，居然還有人用這樣一種方式來寫書。這是大作家的寫法，老派的寫法，有根底有儲備的寫法，讓人服氣的寫法。在這種寫法面前，恐怕很多寫作者是要難為情的。反正作為寫了十餘年的小說作者，我挺慚愧的。

不知從什麼時候開始，置身的這個場域越來越不自然了，大家都慌慌的，都想證明些什麼，你要不停地出東西，方可彰顯才華和在場感。心一亂，也就不願意磨了，甚至，寫下第一行字時就先期放棄了拿出一個好東西來的追求。而士爾不急於出「成果」，他有自己的步態和步速，十年時間寫成《兩界書》十二卷，這從容，這股江雪垂釣的靜氣，實在難得。

士爾多年來專事學術，研讀的對象不是一般讀物，而是「正典」和「元典」，這使《兩界書》在體式上具備典籍的莊重感，在文字表達上呈現出提純精煉過的結晶感。《兩界書》是學者所著，以學養見長在預料之內。我略感意外的是，這本涉及世界源頭、文明演進、生命意義等本原性問題的書，讀起

來並不費勁兒。作者不是端起來寫的，一處一處，漫漶出雜家
的趣味來。無論內容觀點還是藝術形式上，都是有創造性的。
前面《創世》《造人》《分族》等幾章是上古神話筆法，以極
簡筆墨展現瑰麗想像和奇幻場景，恍然間像進入到《山海經》
和《淮南子》的世界裡。

　　再往後讀，發現跟《聖經》一樣，《兩界書》也可以當成
小說讀。《教化》一章，《雙面人國》《尾人國》數篇，有些
《世說新語》及《鏡花緣》的風致，雖為諷世，卻婉曲其辭。
看透了的人多了，看透了而不心涼的人少之又少，說到底，士
爾看人事的目光是熱的，是滿含著悲憫的，洞明世事，卻不肯
發出刻薄淒厲之聲。

　　「士爾」這個筆名因何而來，我並未當面問過作者。直到
讀了《士耕爾織》這一章，才隱約明白過來，大概能猜到筆名
的由來了：

　　　　帝山東南八百里，依山臨海，居一凡常人家，男名
　　士，女名爾。
　　　　士以耕為作，爾以織為業。士耕爾織，朝起而作，
　　日落而息，日復日年復年，風雨如常。

　　這是整本書裡最打動我的一節文字，既是藝術上的高格，
也是心性志趣的高格。它讓我想起《論語》裡記載的，兩千年

前的那個春日，那段關於生活情志的著名對話。「浴乎沂，風乎舞雩，詠而歸。」「士耕爾織，風雨如常。」士爾此書命意高遠，關心的是大問題，但在宏闊架構和理性辨析之外，尚有這些細小濕潤的情感從紙頁中一點點滲出來。或許，這也是作者本人隱秘的生活理想吧。往往是這樣，越俗常樸素的畫面裡，越藏著意境，越藏著柔和綿軟的力量。人在俗世羈絆中豁然一現的天真歡喜，那孩子氣的、貌似低微實則合乎天性的快樂，那些細緻而深刻的情感，才是可傳世的，才是最有穿透力的。不管世界變得多麼現代多麼高科技，士耕爾織的畫面依然讓我覺得踏實心安，它體現著某種更恆久也更體貼靈魂的價值，體現著生命真正意義上的自在和充盈。它是陶淵明式的，王維式的，有一點桃花源，有一點家常，還有一點山水的禪意，我為這樣的描述神往不已，它能輕易引動起我對生活的無限深情。時不時地，忙碌的間歇，一愣神的工夫，這畫面會徐徐走到我眼前。寧靜便降臨了。

不知為什麼，讀古書容易沉靜，讀現代人的文字，就覺得火氣大了，文字節奏急迫了。讀《兩界書》，卻讀出了和緩與鬆弛。怎麼看，《兩界書》都是個異數，它的出現和存在都太奇異了。我向很多朋友描述過這本書，說完了，總覺得不太準確，把它說淺了，把它說得輕易了。畢竟，還有幾個人能花十年時間完成一本書呢？還有幾個人肯把畢生所學所思傾注在一本書裡呢？我羨慕士爾先生完備的知識結構和豐厚的精神資

源，更佩服他的寫作抱負。這本書太懇切了，作者多年來讀的書、多年來走過的地方、多年來經歷的世事，這一切，在一個個不眠的夜晚裡化開了，盡數揉到書裡面了。它是夜晚之書，神祕的星辰閃爍於其間，它是自然之書，放得下大山大河，鋪展得開整片天空，它也是超越哲學、文學、歷史、宗教等既成界限的融合映照之書。而最令我感動的是，士爾對世界和人類充滿探知的興趣，同時又滿懷善意，他看到負面的東西卻不僅僅是批判了事，對世道人心始終懷著撫慰療救的熱切之情，他耗數年心力寫成的這本書，最終是致力於建構的。

人應該怎樣活著呢？《兩界書》讀完了，對這個問題的思考沒有停下來。也許每一個六神無主的人，都應該在獨處的時刻裡，想想這個非常重要但被刻意忽略以便讓自己繼續慣性生存的根本性問題了。

蔡東
　　八零後作家，在《人民文學》《收穫》《當代》等刊發表小說多部，《往生》獲《人民文學》首屆柔石小說獎。

新時代　新經典（節選）
——《兩界書》的人類共同價值

海村　惟一（日本福岡國際大學教授）

一代有一代的學術，一代有一代的經典。

新時代呼喚著新經典的誕生。士爾的《兩界書》應運而出。

作者士爾十年磨一劍，用解密之鑰，以「天啟為導、文獻為據，生曆為驗、凡心問道，」以心魂鑄成《兩界書》十二卷，解人類本源、宇宙規律之密。對此，畏友著名哲學家、夏威夷大學終身教授成中英先生認為《兩界書》「絕對是一本充滿哲理與智慧的好書」，可謂「世紀傑作」。

魏文帝曹丕曰：「蓋文章經國之大業，不朽之盛事。」故杜甫謂之「文章千古事」。「文章」何以「千古事」，韓愈便以「以文貫道」而回應之，並以此人文精神開創了「散文」的新文脈；傳之者周敦頤更憑「以文載道」奠定了漢字文化圈的「文章經國」之「大業」。故而，筆者則認為《兩界書》創新文脈，以文傳道，建構人類命運共同體，可謂新時代的新經典。

縱觀《兩界書》：結構嚴謹，文字天然，思維清晰，化典精准，文脈新穎。全書共十二卷，各卷篇目曰：創世、造人、生死、分族、立教、爭戰、承續、盟約、工事、教化、命數、

問道。這些篇目首先令人想起了《論語》：學而、裡仁、述而、鄉黨……

細讀《兩界書》可知，作者士爾身居當下，晝與時俱進、夜與空共思，跨越兩界、來往天地，學貫東西、問通古今，悟行合一、日積月累，道統加持、意識超前，文體創新、自覺自悟，曰：通「天地人」三才者，士爾也。

精讀《兩界書》，筆者則認為其人文關懷體現在其融合東西智慧、超越古今文脈，以「六說（儒、釋、道、希伯來、希臘等）不悖，皆有其悟」融合交匯為「合正大道」，並精准地歸納為「敬天帝、孝父母、善他人、守自己、淡得失、行道義」的六大中華文化之精髓，以此建構人類命運共同體，並以嶄新的文脈和話語，創造了一個新的文化語境，揭示了人類文明的共同價值觀念。

綜上所述，《兩界書》的作者士爾憑其自身的人文關懷，超越漢字文化圈的思維範疇，融化字母文化圈的戒規觀念，創新漢字文章之脈和話語，承傳東西文明的優秀傳統，並對此進行了創造性的轉化，「以文傳道」揭示「敬天帝」、「孝父母」、「善他人」、「守自己」、「淡得失」、「行道義」等的人類文明的共同價值觀念。因此，筆者認為《兩界書》是一部新時代「以文傳道」的新經典。

　　　　　　　2017年11月2日於日本福岡香椎聽濤閣

海村　惟一
　　日本福岡國際大學教授，漢學家。

體大思精、化性起偽（節選）
——兩界之間的擺渡船《兩界書》

張惠（研究員，香港紅樓夢學會會長）

「體大而慮周」是清人章學誠《文史通義・詩話》中對《文心雕龍》的評價，我認為，《兩界書》也當得起這句考評。

金人元好問曾經慨歎道，「詩家總愛西昆好,獨恨無人作鄭箋」。《詩經》雖有毛公作傳，仍難讀難懂。後來到了漢末，鄭玄又為之作了箋注，人們理解起來才比較容易。詩人們都喜愛李商隱的詩寫得華美，只是遺憾沒有人像鄭玄給《詩經》作箋那樣給他的詩作注解。

《兩界書》亦是如此，它的深沉厚重確實值得學者為之一一詳注。因為讀者很容易被它淺顯的語言蒙蔽而生輕視之心，這一點本文會在後面予以詳細辨析。也很容易只看開頭以為這只是《聖經》的簡單圖解，但實際上《兩界書》是對種族、宗教、哲學、風俗、戰爭等等的大熔萃，前面的《聖經》只是引子和線索。

《莊子》秋水篇曾經談到：

且夫水之積也不厚，則其負大舟也無力。覆杯水於坳堂

之上，則芥為之舟；置杯焉則膠，水淺而舟大也。

宋代朱熹的《活水亭觀書有感二首・其二》則提供了一個相反的例子：

昨夜江邊春水生，艨艟巨艦一毛輕。

向來枉費推移力，此日中流自在行。

我想，這很能形容兩類作品。一類是小才小能，小情小趣，另一類，大開大闔，縱橫睥睨，無疑，《兩界書》屬於後一種汪洋恣肆的一脈。

《兩界書》共分十二卷：《創世》、《造人》、《生死》、《分族》、《立教》、《爭戰》、《承續》、《盟約》、《工事》、《教化》、《名數》、《問道》。時間上則從太初創世造人一直延續到現代的原子戰爭人類畸變，以及未來道對人世人心的救贖。從人類的化育，到洪水的懲罰，種族的分裂，契約的訂立，割禮的形成等等，堪稱包羅萬象。葉燮說「大凡人無才，則心思不出；無膽，則筆墨萎縮；無識，則不能取捨；無力，則不能自成一家」。《兩界書》正是集「才膽識力」於一體，裡面談到的很多故事，看似淺顯，實際上是熔萃百家並別出機杼，以成自家。

《兩界書》的語言非常淺顯，簡直可以達到「老嫗能解，

童子能歌」的程度。但是，這正是它的一個優點。我們來看著名的經典，實際上語言也都是很簡明的。

　　《兩界書》語言平易通順，實亦為文章上等。但是這種平易通順又不僅僅是大白話。

　　平淡只是表像，其蘊涵的意味毫不平淡。這種深藏的意味，僅憑聰明才智是品味不出來的，年少輕狂不諳世事者亦品味不出來，誠如宋代黃庭堅所雲：「血氣方剛時，讀此詩如嚼枯木，及綿歷世事，知決定無所用智，每觀此篇，如渴飲水，如欲寐得啜茗，如饑啖湯餅。今人亦有能同味者乎？但恐嚼不破耳。」《兩界書》正像陶詩那樣，具備經歷歲月滄桑洗禮才能「嚼破」品味的特殊之「味」。試舉《兩界書》之〈元樹元果〉為例，「樹葉樹貌與常無異，然樹果有辛有甘，僅觀外象不可辨識。先人稱樹為元樹，元樹結元果，亦稱甘辛果。元樹至奇不再甘辛兩果共結，而在凡人採食，無可盡甘盡辛。所採兩果必有一甘一辛，第三果辛甘難定，或辛或甘。故若三果兩辛以為常，三果兩甘實為幸，三果盡甘無可能。」兒童讀來，實發獵奇之遐想。及至成年，備嘗人世甘苦，方明其喻。到了晚年，通達了時運命理，定會對這段總結心有戚戚：「凡常之人不明事理，縱為超智之人亦難了悟，多以盡甘為求。世人有腦汁絞盡，有千試萬探，實皆枉然。」所以，《兩界書》看似通俗，其實不俗。二十歲讀一遍，四十歲讀一遍，六十歲讀一遍，每一遍都各臻一境，各有所悟。

張惠

中國南社研究中心研究員，香港《紅樓夢》學會會長。

追問文明從何而來，又向何處去（節選）
——讀士爾先生《兩界書》

高建平（研究員，中華美學學會會長）

　　近日拿到士爾先生的《兩界書》，眼前一亮。真是一部奇書，不像小說，不像哲學，也不像神話，通篇在講故事，很好讀。在閱讀艱深的學術著作，規範化的學術論文之餘，翻看這本書，這是一個享受。讀完後，又覺得意味深長，平易之中直指文明的幽深之處。

　　不同的文化，有各自的傳統，在自己的思維體系中，也各自成理。但是，不同的文化要對話，不同的思想要碰撞，不同的道理放在一道，會昇華出大道理。「六說」要歸一。本書就體現出在歷史發展之中，文明通過對話，使小道理融合成大道理的過程。

　　這是一部融合了哲學、神話和文學的書。我們可以從中讀到許多宗教和神話的故事，但卻洗掉了一些宗教的陳舊的痕跡，保留了傳說所具有的親近和親切的內容。一些故事，讀來似曾相識，又經過了改造。荒誕的部分去掉了，繁瑣的敘事去掉了，留下了簡潔的故事，以及融合在故事之中的一些深刻的道理。

　　關於講故事，作者確定了「四原則」，它們分別是：一、

講人類共同關注的話題；二、有對話意識，注重與讀者的情感交流；三、化東西方的原典素材，形成故事情節；四、以文明演進為主題。

基於這「四原則」，形成了本書的一些特點。這些特點，綜合起來講，就是：第一，打破學科間的壁壘，將神話和歷史、哲學與宗教、文學和學術結合在一起，從講故事出發，從故事的選擇和敘事方式中，見出思想成果。第二，儘量選用一些重要的宗教、神話，以及經典的歷史和文學著作中的，人們所熟悉的故事，重新敘述，挖掘中各種文明中最深層，最能打動人的內容，又以新的形式呈現出來。第三，展現出人文的情懷。這些情懷，原本就存在於許多元典之中，但元典也要淘洗，留下來的是精華，讀元典也需要有現代立場，從現代的眼光來看元典。第四，很好地處理了中國與世界的關係，包容進了世界各文明的內容，又滲透進中國的精神。從世界看中國，又從中國看世界。努力講溝通，講理解，既講文化的「和而不同」，也講文化間的「見賢思齊」，更講中國文化所要提倡的「文化自信」。

這是一本奇書，也是一本有價值的好書。推薦讀一讀這本書，在閱讀艱澀的哲學著作，高度規範化的學術論文之餘，讀一讀這本書，能給人休息，也能給人啟示。在我們困於一些疑難的學術問題之時，這本書也會使人豁然開朗，悟出很多的道理來。

高建平

　　瑞典烏普薩拉大學美學博士，中國社會科學院研究員，兼任中國中華美學學會會長，中國中外文論學會會長。曾任國際美學協會主席，中國社會科學院文學研究所副所長兼學術委員會主任。

率真的求索　心靈的頌歌（節選）
——讀士爾先生的《兩界書》

陶思炎（教授，中央文史研究館館員）

　　士爾先生的《兩界書》是一部似曲而直、似潛而顯、似幻而真、似非而是的奇書，它以宏遠的思緒、率真的求索、精深的內涵和凝練的筆觸讓人心智開啟，耳目一新，彷彿一同徜徉於哲學的園田，聆聽心靈的頌歌。

　　《兩界書》主要以數千年的中華文化為敘事背景，在人與「界」的多重連結中探索世界、人性、文明的本元和趨向。該書不僅是新奇的界論專著，也是多彩的故事集成，因其融攝神話、傳說、宗教、禮俗、哲學、民族、倫理等內涵，它更具有文化事典的性質。

　　概括地說，《兩界書》探索的空間範疇是地球與宇宙，時間範疇則定位於往古與來今；其思索的主客體為人類與物類，而闡發思緒的媒介主要為傳說與史事；其表達手法注意虛幻與現實的結合，而述說的立意在於警示與教化，即人的心靈的淨化。可以說，該書既是作者心路歷程的坦誠披露，也是藉心靈對話的方式喚起當今人類的警醒，引導讀者在兩界認知中領悟生命的意義。

　　《兩界書》以深邃的哲理、執著的探索、宏大的結構、精雅的文筆而展現出該書的價值與特徵。

　　哲學不僅觀照自然的天理、地理、物理，也探索人生的事理、情理和道理，尤其是道理的探求方顯出人生的意義。

　　《兩界書》以凝練的筆觸說故事、寫歷史、論信仰，其行文多為文白相合的短句，雖無鋪陳雕琢，卻言簡意賅，言之有物，成為該書的又一個值得一提的特徵。

　　《兩界書》是一部特徵鮮明的奇書，跟隨它到兩界中漫步將是一次引向頓悟的遊歷，追仿作者這種心靈的探求，會讓人深悟生命的意義和正道的寬廣。

陶思炎
　　中央文史研究館館員，中國長江文化促進會會長，東南大學教授，東方文化研究所所長。

彰顯文化經典　展現文化自信（節選）

何山（旅美畫家，敦煌學家）

　　我上月底應邀回國在深圳就傳承敦煌文化藝術一題，接收了香港《大公報》、《文匯報》兩報記者的採訪。期間，有幸拜讀了士爾先生的大作——《兩界書》，讓我受益匪淺，感觸良多：《兩界書》以其瑰麗的想像、多學科的交融與綜合、大膽的探索與求新，和優美文筆與深刻的思想內函，共同鑄就了《兩界書》中的人類文明：從萬物空濛至終極問道，跨越時空、蔚為壯觀的波瀾狀闊的畫卷。細細品讀，真是字字珠璣、行雲流水，無不閃耀著儒、釋、道和猶太-基督的智慧光芒。作者以其廣博的胸懷、開闊的視野、深厚的學識，將此文化瑰寶呈現於世人眼前，值得慶倖。

　　凡此種種，無需逐一列舉，相容並包，兼收並蓄。向外，在吸取異域的營養；向內，在挖掘和充實自已的靈魂；是《兩界書》獨特之處的明顯特徵。在包容中創新，感悟文化的自信，因此此書實乃一部體現生命本原，生命價值的「奇書"；一部發人深思的文、史、哲諸多方面的教科書；一部生活的哲學和難得的鴻篇巨制。

　　無疑，對我們所宣導的，「一帶一路」、「華戍所交一都

會」的敦煌及其敦煌文化藝術的研究，繼承，發揚與創新，具有十分重要的指導性意義。

為此，特向《兩界書》的作者士爾先生表示深深的敬意

2017年12月16日於美國洛杉磯蒙特公園市松嵐

何山

敦煌學家，旅美畫家，代表作《西域文化與敦煌藝術》（專著）、《黃河之水天上來》（國畫）等，現旅居美國洛杉磯。

問道求解有詩意　談古論今皆學問（節選）
——評《兩界書》

吳俊忠（深圳大學教授）

學者著書立說的話語情景和社會反響，大多是專業領域，學術話語，圈內熱議，大眾鮮知。士爾先生的《兩界書》一改傳統的學者著書立說的狀況，甫一出版，就廣受好評。學界譽之為「世紀傑作」，大眾稱其為「天下奇書」，開創了學術著作融入大眾文化的範例。細讀這部「奇書」，會有一種「過往今來都在眼前，生死榮辱皆有新解」的神奇感覺，令你為之入迷，難以釋手。

義大利著名學者型作家伊塔洛・卡爾維諾在他的《為什麼讀經典》中，關於經典的定義有十四種說法，其中有兩種說法對應《兩界書》非常貼切。他認為，「經典意味著一種文化意味的典範，具有不容置疑的價值示範作用」；「經典作品是這樣一些書，我們越是道聽塗說，以為我們懂了，當我們實際讀它們時，我們就越是覺得它的獨特、意想不到和新穎」。《兩界書》就是這樣一本書。它的形式和內涵都堪稱是「文化意味的典範」，具有無可比擬的「獨特、意想不到和新穎」。以前未見有這樣的書，以後也不可能多見。

　　至於它的價值示範作用，則集中體現在兩個方面。第一，如何傳承文化、向世界講好中國故事。可以想像，如果中國一個青年學生讀了這本書，他一定會由此對中國優秀傳統文化產生濃厚興趣，潛移默化地受到薰陶，自覺成為傳統文化的傳播者和傳承者；如果一個外國人讀到這本書，他也一定會喜歡上中國傳統文化，並積極地在世界傳播。從這個意義上可以說，向世界講中國故事不難，但要講好中國故事則不易。需要有能讓處於不同文化背景的外國人聽得懂、感興趣、有內涵的故事情節和話語體系。《兩界書》在這個方面就發揮了很好的價值示範作用；第二，解答終極之問，闡發了「敬天帝（即敬天地）、孝父母、善他人、守自己、淡得失、行道義」等核心要義，「分別從信仰、倫理、社會、個人、功利、實踐等層面，構建了一個完整的思想與價值體系，含括了世界觀、價值觀和人生觀的全部範疇」，在宣導新觀念、提升新境界方面發揮了創造性的價值示範作用。因此，無論是創新特色，還是思想蘊涵，該書都稱得上是一部特色鮮明的當代新型經典。

　　綜上所述，《兩界書》詩意盎然，哲理深奧，被學界譽為「世紀傑作」，被讀者稱為「天下奇書」，是名至實歸。它使中國文化中的天人合一、道法自然、天道立心、人道安身等核心理念，走出哲學的課堂和思想的聖殿，把抽象的理論概念演繹成形象的觀念意識和做人的修為之道。因此，解讀這樣一部堪稱經典的「奇書」，決非一人之力和一時之功可以達成，它

必將在今後的長期流傳中不斷接受新的解讀，產生時讀時新的
效果。也唯其如此，它才稱得上是一部真正的經典之作。

吳俊忠
　　深圳大學比較文學與比較文化教授。

《兩界書》：一本富有跨文化價值的現代經典
（摘要）

顧明棟（美國達拉斯德克薩斯大學中國文學和比較文學教授）

　　在1973年冷戰尚在進行之時，20世紀最睿智博學的歷史學家和歷史哲學家阿諾德・約瑟夫・湯因比指出，除非地球上差異巨大的文化、傳統和文明很快融合成一體，生活在這個技術發達世界的人類可能以自殺式的方式走向毀滅。他還認為，全球統一需要建立在精神統一之上，也就是說人類需要找到一個共同的精神信仰作為統一的精神粘合劑，以此把各個種族和國家的人聯合到一起。在談論這種可能的粘合劑時，湯因比高度重視以儒家思想為內核的中華文化。士爾先生新近出版的《兩界書》（商務印書館，2017年版）則給這種精神粘合劑中添加了新的元素。以中華文化資源為經，以其他文化和傳統的知識資源為緯，該書分析了世界之源和人性之本，剖析了人類社會的過去、現在和將來，並雄心勃勃地嘗試把世界上主要的文化遺產為人類編織成一本普世史詩。這部史詩有望成為我們這個時代的現代經典。

　　它不僅僅是一本文學著作，同時還是一本學術著作，精心構思，周密研究，以言簡意賅、文白相間的文體表述和文本形

態模糊了哲學和文學之界限，跨越傳統的文體和文風。作為創作，該書兼具現實主義、荒誕主義、超現實主義，以及荒誕現實主義和後現代主義的特點。在列舉上述多種鮮明的特徵後，我有充足的理由認為，該書說到底值得被稱為「奇書」。

在思想意識上，該書可以哲學思考和宗教啟示的方式閱讀。在文體上，該書可視為神話、傳說、魔幻現實故事甚至科幻作品的文集。作為規範的學術著作，該書涉獵眾多人文和社會科學，包括歷史學、人類學、考古學、語言學、藝術學、美學、經濟學、政治學，甚至生物學和進化論。此外，該書還可做參考書，有索引和插圖目錄供方便查找及使用。作為人生和生活指導，該書可作為自我修煉提高的手冊來閱讀。作為跨文化研究，該書涵蓋東西方文化，包括東方的思想流派如儒家、道家、佛學和伊斯蘭教以及西方的猶太-基督教文化和希臘多神教文化。該書最不同尋常之處是，作者採用大量的知識和文化素材，熟練地將這些素材整合成一個統一的主題，然後令人信服的表述出來，並以這種整合為結構建立了一個條理清晰的體系。

除了在文本形態和文體形式上與眾不同之外，該書因其遼闊的廣度和深遠的視野在內容上則更為令人稱奇。就內容而言，該書的中心主題是什麼呢？讀完此書，我認為該書的主題內核由幾個關鍵思想組成。首先，它創造性地綜合了有關創世的神話和傳說。 在卷一的卷首語中，作者提出那個終極但無解的問題「世界從何而來？」「世界的源頭在哪裡？」之後，

各章富有想像力地描述了古代文明中有關創世的主要神話和傳說。本部分最富獨創性的是，作者把西方的創世神話和中國道家的宇宙發生論和宇宙觀很有想像力地融合在一起。就我們所知，西方有關創世的神話一直建立在人格神之上，然而道家的宇宙發生論則是建立于自我生成的虛無之上的哲學表述。經過作者巧妙的轉換，有關創世的描述既不是猶太-基督教文化的也不是道教的，它不源于任何特定文化，而是從作者所吸收全部文化素材中誕生出來的一個新的創世神話。其次，它傳達了人類生存的哲學願景，這一願景也在高更帶有法語標題的名畫之中表述過：*D'où Venons Nous / Que Sommes Nous / Où Allons Nous*（我們從哪裡來？我們是誰？我們去哪裡？）。高更的油畫是帶有寓意的視覺表達，士爾先生的著作則是有著相似思想、視野和思考的言語表達。在卷二的卷首語中，作者提出這些問題：「人類如何起源？人類從何而來？」。把這兩個問題作為主線，卷二對人類如何形成做了新的描述。已有關於造人的描述包括神創論、達爾文的進化論、現代基因理論以及外星人創造論，該書的描述與這些都不同，它沒有把自己限制在某種特定的造人論中，而是提出一種新的觀點，關注人類為何被創造、人類與宇宙其他諸多動植物區別何在、人類在這個世界的使命是什麼。

　　上述主題式的概括可能會給讀者一個印象，認為該書無異于其他跨文化哲學家和思想家所寫的著作。這一印象部分正

確。正如我在本書評的第一部分所指出，該書既是學術著作也是文學創作。毫無疑問，這是一本學術著作，但不是以抽象論證的方式展示，而是以神話、傳說、寓言、故事、歷史小說的形式富有想像力地描述。在這一點上，該書讓我想起道家鼻祖莊子的著作。《莊子》被普遍認為是中國傳統中建立道家學派的奠基之作。在介紹深奧哲學思想時，莊子不用現代哲學家普遍偏愛的抽象語言，而是用神話、傳說、寓言以及文學軼事來闡釋他深刻、多數情況下神祕莫測的思想。閱讀士爾教授的書，我想說他採用了一個類似的方法，當然是在進行一項不同的工程。莊子在建立他的道家思想體系時使用了一種創造性的語言，士爾教授則用一種史詩語言對人類的起源、文明的演化以及諸如世界觀、生命意義、人類命運和未來等哲學問題進行學術研究。事實上，全書構建了一個「Weltanschauung」，但它不是「特定的哲學或生命觀」，也不是「個體或群體的世界觀」，正如這個德語單詞所定義，它是一個從世界文化眾多根源中衍生、建立在東西哲學思想和宗教信仰之上的世界觀。除此之外，作者自創的思想也是該書的特色。鑒於其獨有的特色，該書兼具學術思考和文學創作的優點。總而言之，品讀該書之時讀者絕不會對其學術探究產生索然無趣之感。

作為一本創新著作，該書對我們這個因全球化和快速技術革命所帶來種種危機而困擾的時代意義非凡。隨著冷戰的結束，我們目睹了一股離心之力。這股力量刺激不同的國家、地

區、民族和精神信仰捲入衝突、鬥爭、甚至熱戰，以亨廷頓提出、頗具爭議的所謂「文明衝突」的方式威脅著全世界。從這一點上講，士爾先生的著作可能會對我們阻止文明衝突的努力做出有意義的貢獻。在本體論方面，該書雖然集中表現了中華文化的精神，同時也是一個有共同價值的文化和知識體系。該體系吸收了來自埃及、美索不達米亞、印度、希臘、羅馬、猶太-基督、中東等傳統的思想、價值和精神信仰，將世界上主要的知識思想、文學創作、宗教信仰和民族價值昇華、融合在一起。因其對我們從哪裡來、到哪裡去的敏銳洞察，該書在我們努力尋找人類所面臨環球危機的智性解決方案時，可以提供較多的精神食糧。因此，作為一本富有跨文化價值的現代經典，值得所有對人類的過去、現在和將來感到關切的人閱讀，也值得翻譯成多國文字。

（原文為英文，黃海靜　譯）

顧明棟
　　美國達拉斯德克薩斯大學中國文學和比較文學教授

觀點摘編

鄧福星（中國藝術研究院研究員）：一部鳥瞰式的歷史著作

《兩界書》像一部鳥瞰式的歷史著作，講述了人類的緣起、遠古和上古時代人類的進化發展。

《兩界書》是一部對於哲學、歷史、宗教、政治、民俗以及社會學、倫理學等有關問題的思考和表述的學術著作。全書的核心觀點，是「合正大道」，其具體的內涵是具有鮮明中國文化色彩的敬天帝、孝父母、善他人、守自己、淡得失、行道義。這一命題對於承傳中國傳統文化，以及在當下對中華民族精神的振奮和發揚光大的意義是不言而喻的。

田滋茂（中國作家協會書記處原書記）：一本奇書，也是一本大書

《兩界書》是一本奇書，也是一本大書，可在當代哲學和文學史上留下濃墨重彩的書。《兩界書》開創了當代以人類文明演進為主軸，融通古今中外哲學文化思想的哲學文學體裁先河。超越歷史、神話、宗教、哲學、文學等傳統範式界限，開創了跨界敘事之風。《兩界書》題材達到讓人難以想像的範

疇，一個「界」字，包羅萬象。這本書用以界為徑，以人為緯，以人之心用為結，以中華文化為鈐鍵，以人類思想融匯昇華為合解，析世界之本，辯人性之實，探文明之向，問凡人正道。《兩界書》在敘事理念、方法、內容等方面呈現的跨界敘事、元典話語、人文情懷以及中國精神等多個特徵，力圖讓讀者加深對所定主題的理解。《兩界書》的出版，一定會為哲學文學創作的繁榮和發展發揮星火燎原之作用。

陸建德（中國社會科學院文學研究所原所長，研究員）：
一本跨領域的奇書，有很強的互文性

　　《兩界書》是一本跨領域的奇書，神話、哲學、文學和人類學的內容兼而有之，我還不知道商務書店把它上架時歸於哪一類。流覽之後發現這本書有很強的互文性，它一方面包含諸多中國文化元素，另一方面與猶太文化、猶太教也關係緊密。作者想融通古今中外，同時又重塑我們的神話傳統，宣揚一種與傳統接軌同時又超越傳統的價值觀，用意深刻，抱負遠大。我還想說一句，插圖很有味道。

趙憲章（中國文藝理論研究會副會長，南京大學教授）：
憂患意識構成了這部書的主題

　　《兩界書》這部著作既是文學創作，又是學術研究，把這兩個方面結合在一起、融匯在一起，是高難度動作。作者在

敘事的背後始終在思考這樣一個問題，就是在當下中國經濟物質生活快速提升的同時，我們的思想精神生活走了相反的路，並沒有像經濟的發展那樣同步前進，有的時候恰恰相反，在道德、精神領域走下坡路。這種憂患意識構成了這部書的主題，構成了這部書作為哲學、作為思想、作為學術研究的非常有份量的一個方面。在這樣一個重大的敘事，能夠把這個嚴肅、重大的話題找到一種形式表達出來，是這部奇書之奇處。

李熾昌（香港中文大學教授）：將經典用到經世

《兩界書》不但是讀經典，而且是從經典跳出來，看到我們有一個責任，就是將經典用到經世——在世界上如何生活。

李鳳亮（南方科技大學副書記，教授）：強調文化自信，追求文化自覺，尋求文化自強的力作

《兩界書》是一本奇特的大書，這註定出版這本書會成為2017年中國出版界的一個奇蹟。

從文化角度來講，這是強調文化自信，追求文化自覺，尋求文化自強的力作。從文明角度來講，這個書的意義重大，從文明的衝突、文明的對話、文明的融合，最後走向一種大同世界，這本書做了很深刻的探討。書裡面探討了儒釋道、猶太-基督、希臘哲學、不可知論等一系列文明形態的衝突，也陳述了它們之間的對話，在這些文明形態共同關注的生死、善惡、

人性、生命的意義、人類的過往未來等重大問題上，指出了中華文化在解決這些問題時的中西融合正確之道。從這個角度來講，書裡面明確提出來隱含人類命運共同體或者人類精神共同體的重大時代命題，它的價值和意義需不斷的發掘和追問。這是一本提問的書、追問的書和極具價值的力作！

郁龍余（深圳大學印度研究中心主任，教授）：一部充滿文化自信和新哲思的新元典

士爾的《兩界書》是中華民族進入新世紀之後湧現出來的一部充滿文化自信和新哲思的新元典，是文化的歷史性進步的一個具體體現。《兩界書》的特點：第一，文明互鑒，彰顯了普適性。第二，古事新說，彰顯了時代性。第三，振心安魂，彰顯了實用性。這本書基於厚積薄發，《兩界書》是諸子時代以來的一部新元典，在學科跨度、知識廣度、哲理深度上超越了同類。

楊適（北京大學哲學系教授）：我贊同這是一本奇書，國內很少見到這樣的書。

游斌（中央民族大學宗教學院院長，教授）：非常經典的跨界

　　《兩界書》是本跨界的書，可以從三個方面來講跨界：第一，文學和宗教的跨界，這本書文采飛揚、想像力豐富，採用很多四字對仗的文體。但是在讀的過程中看到，書的結構安排有希伯來的結構在裡面。第二，東方和西方的跨界。在書裡面，以非常有想像力的文學方式試圖把這兩個融合在一起，是非常經典的跨界。第三，這本書有很多圖片。設計圖片時採用了非常古樸的漢磚的表現方式，讓人一翻開就感覺到裡面的元典性、古樸性、典雅性，讀起來非常精彩。

徐可（《文藝報》副總編輯）：難得的好書、大書

　　這本書以文明演進為主線，超越了歷史、神話、宗教、文學、哲學等傳統的範圍，用寓言的方式、用文學修辭講述人類文明的流變演進。確實是本難得的好書、大書。

吳曉萌（吳階平醫學基金會理事長）：一本大眾能夠看懂，能夠看明白的書

　　《兩界書》綜合了宗教、哲學、文學、歷史、兩河文明、中國文明、中國文言體，但卻是一本大眾能夠看懂，能夠看明白的書。

向月應（解放軍第181醫院原院長，少將）：醫生的一本必讀書

這本書很大一部分都是精闢的關於人的軀體、精神、環境、社會、倫理、道德等，跟健康有關的，從哲學、文學、歷史角度，用通俗的方法講出來，我認為這是醫生的一本必讀書，也是我們培養健康管理師的必讀書。當前醫學教育中人文醫學的缺失，我們的醫患關係這麼緊張，人文醫學缺失是其中一個原因。《兩界書》將來不管從健康管理學，還是從人文醫學來講，絕對是一本很重要的必不可少的書。

崔保國（清華大學傳播學院副院長，教授）：一種創新的話語體系

從這本書我們能看到舊約、浮士德的影子，聖經般的體例、史詩般的敘事，史詩過去都是西方的故事，本書既有中國的故事，也有人類的故事，是全球視野、中國情懷的作品。這本書很新奇，本來是哲學的、歷史的、文化的、文明的思考的書，最後用文學的方式來寫，文學裡又蘊涵所有的歷史、哲學、文明、文化的思考。這種形式可能是最好的，是創新的一種話語體系。從文字和文學的形式來講，這也是創新的。我們這個時代需要有份量的、有文化底蘊的、有思想體系的、有文明脈絡的、有人類情懷的、有全球視野的好書。

潘魯生（中國文聯副主席，教授）：適時，實用

《兩界書》中這個「兩界」，一個是中西的界，還有一個是境界的界。這部書一個是適時，一個是實用。

劉志輝（香港詩人，香港公開大學教授）：為迷失的人類燃亮一盞領路燈

翻開《兩界書》，我們會頓然發現，士爾先生正為迷失的人類燃亮一盞領路燈，為身處「困局」中迷惘的眾生充當引路人。若說《兩界書》融神話於大敘事之中，毋寧說是為人心重置「法度」之根，為社會復立「秩序」之源。或許士爾先生作為說書人，把中西神話、民俗故事揉合在一起，再以說故事的形式，把一切人生大道—敬天帝、孝父母、善他人、守自己、淡得失—娓娓道來，為的便是讓人類深思反省，更藉此取得「自我救贖」之方——當凡人重新發現「神聖」的真義，即大道重現之時庶幾至矣。

明道（傳統文化學者）：《兩界書》：啟智之密鑰

當人類處於全球現代化的時間節點上，一部哲理豐富的作品《兩界書》應世而現，她一定有大因緣起。

本人讀士爾先生的書，眼前展現的是神話、寓言、傳說、民歌的中文符號，而呈現出的是自己內心與東西方古老先哲的

對話。閱讀「敬天帝」、「孝父母」、「善他人」、「守自己」、「淡得失」、「行道義」等大義精髓，如飲一股清泉，沁潤心脾，淡淡而蘊含甘甜。

從《兩界書》的紋理中，透出士爾先生用心之嚴謹與細密。語言與修辭，簡約而宏大，一以貫之又可以多重解讀。士爾心境高遠，讀者可隨士爾的思想境界，自然起伏，如同雄鷹自由翱翔。

現代化社會，網路給大家帶來方便的同時，也讓資訊膨脹到令人心身疲魘。速食文化、心靈雞湯、東拼西湊的各類文化大餐，攜帶一股銅臭氣，無空不入，垃圾資訊已經讓大家消化不良。

在手機閱讀即將改變習慣之時，《兩界書》應運而生。她蘊涵先哲智慧、亦如清新雅致的中國紅茶、深沉而明澈。為讀書奉獻了可解百毒的一碗藥湯。

本人是古老智慧的受益者，按耐不住要與年輕人分享。假如你個體的生命體驗剛剛覺醒，假如你對後工業化時期自身的生存擔憂，那就建議暫時將手機關機，用心感受人與自然、人與社會、他人與自己的關係。假如你已經開始思考人生的意義、生命的價值等問題，可以講《兩界書》理性的辨析與古老的人文情懷，興許為你提供一個人幽靜的皈依處，她會幫助你尋找有益的精神食糧，也許會化成你洗滌靈魂的祕密居所。

傅有德（中國宗教學會副會長、山東大學猶太教與跨宗教研究中心主任，教授）：當代中國文化百花苑中難得一見的奇葩

《兩界書》以文學語言，講文明故事，構思別致，哲理深邃。讀之，既可隨作者神游太虛，達玄妙悠遠之境，又可不離凡塵俗世，喻曉事理人倫。該書寓理於史跡典故，寄情於山川景色。人類文明整體的演進與鋪展，盡在字裡行間。可謂當代中國文化百花苑中難得一見的奇葩。

魏查理（著名漢學家，比利時皇家科學院院士，泰國國際佛教大學校長）：一幅現代派的抽象山水畫，用很多比喻完成了對深刻觀點的概括

這本書像是一部神話故事，描述了人類社會誕生和發展過程中的諸多方面。其中涵蓋了人類社會的結構構成、群體關係、精神信仰，以及人類整體的發展脈絡。人類學、社會學理論所探討的話題能夠在書中的許多部分中找到隱喻。本書描寫的整個故事很宏大，涉及了很多人物、現象和對歷史事實及宗教神話的隱喻。文字很簡潔，點到為止且恰到好處。如果說人類的整個歷史是一個巨幅山水畫的話，那麼這本書很像一幅現代派的抽象山水畫。每個章節都包含了很多因素，用很多比喻完成了對深刻觀點的概括。因此讀起來輕鬆有趣又能有所啟發。

　　「同根同源」這是本書中貫穿始終的主題。開篇中描繪的對人類初始形態的想像中就很明確的表達了人類具有一個相同的基礎。在發展變遷中人類社會出現了分化、矛盾、融合，但透過所有表像，最終還是意識到人類因為同為人類而本質一致。儘管各個群體在地理、文化、宗教、習俗等等方面有著差異，但如果能更多去理解其他群體之文化現象存在的基礎和合理性，就有助於消除群體之間的隔閡。所以，多元性的存在有賴於對「一」的理解。這一點也是書中強調的「一和多的關係」的哲學觀點。

　　書中還有一個可貴之處是並沒有構建一個「從此世界和平美好」的理想幻境，反而真實地揭示了人的矛盾、戰爭、爭奪、自衛、主張權威等等殘酷現實。在對宏大史詩的敘述中還涉及到了每個個體的私欲、正義的相對性、對美好的嚮往等情感。重點在於解釋為什麼會有這些現實，這些現實又如何導向互相理解或融合。

劉宇一（著名畫家）：天下奇書：天爵兩界亙古彌新，炎黃驕子代湧哲人。

（摘編觀點根據座談會錄音、本人提供材料整理）

附錄三　彼岸另界　先生安好[①]

　　饒宗頤先生走了，去到彼岸的另一個世界。

　　先生走得突然。一個多月前，2017年12月25日聖誕節一早，我和同事專程驅車從深圳到香港看望先生，中午同先生一起午餐。餐後在停車場與先生話別，沒想到這是與先生的最後晤面，離他仙去僅僅一個月又10天！

　　先生走得平靜。2月6日子時，先生在睡夢中安然離去，平靜、安詳，就像輕輕推開一扇門，去到另一個世界。這個世界很近，仿佛隔壁的一間房、一片田，與此岸只是一線間。這個世界很遠，遠到去了無法複返，與俗世現界隔著一道天。先生造化一生，心無罣礙，空間之遠近、生命之長短，生死兩界，悲欣交集，早已澄明、淡然。

　　我最早與先生有交集是在香港回歸之後，那時我因負責籌備「98深圳國際楚辭研討會暨中國屈原學會第七屆年會」，與先生有些工作上的聯繫。

　　真正讓我瞭解先生的，不是從先生學富五車的等身著作，也不是先生的精妙書畫，而是與先生的一次忘我交談——那次交談不僅讓我感受了先生的超凡化境，也改變了我內心的一些

[①] 國學大師饒宗頤先生2017年底聖誕節之際為本書題寫書名，2018年2月6日先生仙逝，作者撰寫此文紀念饒公。

觀念──這是僅僅研讀先生的著作無法達到的。

2005年10月6日，我和友人一起前去拜見先生，此行主要目的是聘請先生擔任深圳大學比較文學與比較文化研究所顧問和名譽所長，其時我正擔任深圳大學副校長兼比較文學與比較文化研究所所長。上午十一時許，先生在女兒饒清芬小姐的陪伴下來到跑馬地附近的英皇駿景酒店，一道前來的還有香港潮商會領袖陳偉南先生、秘書長林楓林先生。饒小姐一見面就很有禮貌地輕聲告訴我：先生中午要休息，我們一點鐘結束好嗎？我說好。

甫一落座，先生就從包裡拿出一個信封，取出一幀書法。我一看是先生題寫了我幾年前出的一本書："猶太文化要義"，字體遒勁、古樸。我頗感意外，很高興，忙向先生道謝，說等這本書再版時一定把先生的墨寶印在書前。

先生又從包裡取出一本書贈我。這是先生在臺灣出版的一本繁體字著作，書名《近東開闢史詩》，先生還在扉頁上題寫了"洪一教授哂正"。我忙著道謝，心裡不禁吃驚：說實在的，我久仰先生學識淵博，但真不清楚先生對近東文明有專深研究！我翻看目錄，趕緊流覽了書的內容，從混沌開天地到巨神馬杜克建功，特別是先生所寫前言、附錄，旁徵博引，考辨精細。這很出乎我的意料！我給先生說，我這二十來年主要關注希伯來-猶太歷史文化，與兩河文明多有關聯，沒想到您在經史、甲骨、簡帛、敦煌、楚辭之外，還對古代近東史詩有這麼

精深的研究。

有了這樣一個學術的交集點，話題打開，一發不可收！從近東創世神話，到兩河文明興衰；從巴比倫安息日習俗，到希伯來安息日的神學內涵；從猶太人大流散，到開封猶太人，再到中華文化與猶太文化之異同，等等。先生還特別叮囑我，世界上許多著名漢學家都是猶太人，這是一個值得研究的問題。所談話題沒有預設，完全是隨心所欲的暢談，中間的茶餐和寒暄也未給我們的交談帶來任何阻滯，我隨先生完全進入了一個忘我、自由的精神世界！

中間大約一點鐘的時候，饒小姐曾示意時間差不多了，先生向旁邊揮了下手，沒有理會。又過一會，饒小姐再向先生示意，先生這次用犀利的眼神盯了一下饒小姐，停留的片刻分明是告訴女兒不要再打擾。饒小姐心領神會，就和其他幾位同鄉用潮州話聊天去了。就這樣，我伴隨先生仿佛沉浸在一個二人世界，一起又聊了許多、許久。活動結束的時候一看表，竟然已是下午三四點鐘了！大家互視，不約而同地笑了起來，笑的開心、愉悅。

真是與君一席談，勝讀十年書！

所談的許多內容今天已經淡漠了，但一些細節特別是心靈的印記卻記憶猶新，歷久彌新。宇宙開闢、天地洪荒，人種分化、道統流變，諸神搏爭、人神糾結，人性善惡、物意兩難……游思於天地眾生，神往於形上形下。那真是一個奇妙的

經驗，因緣而聚，難以言說。

　　面對這位從未上過正規大學，卻能精通、使用英、法、日、古代梵文、楔形文等多種語言，縱貫古今、橫跨中外，徜徉於神話、宗教、語言、歷史、文化，遊刃於詩、書、畫、琴諸領域的通才、全才，我內心觸動很大。年輕讀書時經常批判「天才論」，眼前這位先生，不就是一位天才嗎？否則該作何解釋呢？

　　饒先生是學術史和文化史上難得一見的現象，似可稱為「饒宗頤現象」。先生的天賦是一方面，我以為更主要的還在於：先生有一種高度精神化的命理人格，他對銀子不敏感，但視學如命；學術和藝術是他生活的本體，也是他生命的本元；他對天、地、人的有形世界和無形世界有貫通的悟知，他用學術和筆墨探索發現人類靈魂及其精神歷史，並把自己的精神世界映射出來。

　　我嘗說，先生的著作和書畫固然珍貴，但比這些有形載體更珍貴的，是先生留下的無形財富——這些財富屬於大家。這需要我們以先生之心，去發現和認識先生的問道精神、弘道智慧，這在當下高度物化的世界裡顯得尤為重要，這也正是"饒學"的時代價值和普遍意義所在。去年6月我應邀參加先生在歐洲文化中心巴黎彤閣舉行的「蓮蓮吉慶——饒宗頤教授荷花書畫展」，目睹了歐洲學界對先生的高度尊崇，這是中國人的驕傲，也是東方文化的驕傲。

　　去年7月，百歲高齡的饒先生最後一次專來深圳，是以深圳大學饒宗頤文化研究院名譽院長身份見證深大饒宗頤文化研究院揭牌。他還專致賀函，並特別引用了陶淵明的一句詩「聞多素心人，樂與數晨夕」相贈，我以為這是先生對同道後學的莫大信任和鼓勵。

　　生死兩界，物意無間。大意無象，隱存不形。先生人走了，先生的精神沒走。

　　先生仙去前的一個多月，為我的一本小書題寫了"兩界智慧書"。這是先生題書的絕筆了，彌足珍貴，令人扼腕！謹以書中之語，送先生遠行：

　　　　行走兩界，心覺三來；
　　　　本來未去，未來已來；
　　　　有界無界，皆為往來。

　　彼岸另界，先生安好！

2018年2月24日

附錄四　《兩界書》簡稱表

（1）創世：創

（2）造人：造

（3）生死：生

（4）分族：分

（5）立教：立

（6）爭戰：爭

（7）承續：承

（8）盟約：盟

（9）工事：工

（10）教化：教

（11）命數：命

（12）問道：問

Do思潮11　PC0740

兩界智慧書

作　　者／竑　一
插圖畫家／伍　仁
責任編輯／杜國維
圖文排版／楊家齊
封面設計／蔡瑋筠

出版策劃／獨立作家
發 行 人／宋政坤
法律顧問／毛國樑　律師
製作發行／秀威資訊科技股份有限公司
　　　　　　地址：114 台北市內湖區瑞光路76巷65號1樓
　　　　　　電話：+886-2-2796-3638　傳真：+886-2-2796-1377
　　　　　　服務信箱：service@showwe.com.tw
展售門市／國家書店【松江門市】
　　　　　　地址：104 台北市中山區松江路209號1樓
　　　　　　電話：+886-2-2518-0207　傳真：+886-2-2518-0778
網路訂購／秀威網路書店：https://store.showwe.tw
　　　　　　國家網路書店：https://www.govbooks.com.tw
出版日期／2018年12月　BOD一版　定價／1000元

|獨立|作家|
Independent Author

寫自己的故事，唱自己的歌

兩界智慧書 / 竑一著. -- 一版. -- 臺北市：獨
立作家, 2018.12
　　面；　公分. -- (Do思潮 ; 11)
BOD版
ISBN 978-986-95918-1-2(精裝)

1. 哲學

100　　　　　　　　　　　107003551

國家圖書館出版品預行編目

讀者回函卡

感謝您購買本書,為提升服務品質,請填妥以下資料,將讀者回函卡直接寄回或傳真本公司,收到您的寶貴意見後,我們會收藏記錄及檢討,謝謝!如您需要了解本公司最新出版書目、購書優惠或企劃活動,歡迎您上網查詢或下載相關資料:http:// www.showwe.com.tw

您購買的書名:_____

出生日期:_____年_____月_____日

學歷:□高中 (含) 以下　　□大專　　□研究所 (含) 以上

職業:□製造業　□金融業　□資訊業　□軍警　□傳播業　□自由業
　　　□服務業　□公務員　□教職　　□學生　□家管　　□其它_____

購書地點:□網路書店　□實體書店　□書展　□郵購　□贈閱　□其他

您從何得知本書的消息?

　□網路書店　□實體書店　□網路搜尋　□電子報　□書訊　□雜誌

　□傳播媒體　□親友推薦　□網站推薦　□部落格　□其他_____

您對本書的評價:(請填代號　1.非常滿意　2.滿意　3.尚可　4.再改進)

　封面設計_____　版面編排_____　內容_____　文/譯筆_____　價格_____

讀完書後您覺得:

　□很有收穫　□有收穫　□收穫不多　□沒收穫

對我們的建議:_____

_____

_____

_____

11466
台北市內湖區瑞光路 76 巷 65 號 1 樓
獨立作家讀者服務部　　　收

....
（請沿線對折寄回，謝謝！）

姓　　名：＿＿＿＿＿＿＿＿＿　年齡：＿＿＿＿　性別：□女　□男

郵遞區號：□□□□□

地　　址：＿＿＿＿＿＿＿＿＿＿＿＿＿＿＿＿＿＿＿＿＿＿＿＿

聯絡電話：(日) ＿＿＿＿＿＿＿＿＿＿　(夜) ＿＿＿＿＿＿＿＿＿＿

E - m a i l：＿＿＿＿＿＿＿＿＿＿＿＿＿＿＿＿＿＿＿＿＿＿＿